# 결국 해내는 사람은 무엇이 다른가

내 안의 WHY를 깨워 삶의 모멘텀을 만드는 법

# 결국 해내는 사람은 무엇이 다른가

김호중 지음

상상와공감

# 목차

프롤로그 ······································································· 6

## 1장 인생은 나만의 북극성을 찾아가는 여정

01. 내가 진짜 원하는 삶은 무엇인가? ····················· 12
02. 나침반이 되어 주는 질문의 힘 ·························· 18
03. 인생의 우선순위를 정한다는 것 ························ 23
04. 열정이 아닌 방향을 찾아라 ······························ 29
05. 남들과 같아지려고 하지 마라 ··························· 35
06. 내가 선택한 길에 확신을 더하는 법 ·················· 41
07. 길을 걸으며 길을 만든다 ································· 47

## 2장 힘들게 도전해도 금방 포기하는 이유

01. WHY 없이 살아가는 삶의 함정 ························ 56
02. 목표와 WHY를 연결하는 법 ···························· 62
03. 끈기를 가로막는 내면의 장벽 ··························· 68
04. 주저앉고 싶을 때 꺼내보는 질문들 ··················· 75
05. 꿈을 이어가는 열쇠는 무엇인가 ························ 81
06. 나를 믿는 법부터 다시 배워야 한다 ·················· 87
07. 멈추지 않는 한 실패는 없다 ····························· 94

## 3장 성공에 대한 잘못된 통념을 깨라

01. 속물적 성공에서 자유로워지기 ········ 102
02. 목적 없는 성공의 덫 ········ 108
03. 경쟁에서 한발 물러나 되돌아보라 ········ 115
04. 진정한 성공을 만드는 관점의 전환 ········ 121
05. 천천히 가더라도 내 방식이어야 한다 ········ 128
06. 성공과 행복은 반드시 일치하지 않는다 ········ 134
07. 지속 가능한 것이 진짜다 ········ 140

## 4장 결국 해내는 사람의 7가지 실천법

01. 행동은 계획보다 강하다 ········ 148
02. 결과를 만들어내는 마인드셋 ········ 154
03. 실천력을 높이는 환경 설계 ········ 159
04. 성장하는 사람들의 데일리 루틴 ········ 165
05. 성장의 장애물을 다루는 법 ········ 170
06. 실패를 기회로 바꾸는 기술 ········ 176
07. 꾸준함이 성공의 기반이다 ········ 181

## 5장 지금, 우리는 가장 빛나는 순간 위에 서 있다

01. 하루 1퍼센트 성장이 주는 기적 ········ 190
02. 새로운 여정을 시작하는 마음가짐 ········ 196
03. 변화는 결정하는 순간 시작된다 ········ 202
04. 누구도 나를 대신할 수 없다 ········ 209
05. 삶은 언제나 가능성으로 가득하다 ········ 214
06. 당신만의 속도로 인생을 재설계하라 ········ 220
07. 지금, 우리는 가장 빛나는 순간 위에 서 있다 ········ 226

에필로그 ········ 232

# 프롤로그

**지금, 내 안의 WHY를 찾아야 하는 이유**

 수많은 사람이 공부, 운동과 같이 무언가를 이루기 위해 굳은 결심을 하고 새로운 도전을 시작하지만, 대부분은 얼마 안 가서 포기합니다. 그리고 포기하게 된 이유가 약한 의지 탓이라 생각하며 자신을 자책하곤 합니다. 하지만 이건 의지가 부족해서도 아니고, 능력이 부족해서도 아닙니다. 우리가 중간에 포기하는 이유는 내가 이걸 '왜(WHY)' 하려고 하는지 스스로 답을 찾지 못했기 때문입니다.
 우리는 남 보기에 부끄럽지 않은 삶을 살려고 합니다. 그런데 정작 내가 누군지, 어떤 사람이고, 뭘 좋아하고 잘하는지는 제대로 알려고 하지 않습니다. 제아무리 성능 좋은 내비게이션이 있어도 현재 내 위치를 알지 못하면 목적지에 가기 위한 경로를 결코 알 수 없습니다. 분명 열심히 살아왔지만 정작 원하는 삶이 무엇인지 몰라 혼란을 겪는 우리들, SNS를 켜면 끊임없이 쏟아지는 잘난 사람들의 모습과의 비교에 지쳐버린 모습은 결코 우연이 아닙니다. 노력해도 금방 포기하고, 자신에게 실망하는 모습은 내가 누군지 제대로 알지 못하기 때문입니다.

저는 대학에서 만난 대학생들과 기업 현장에서 직접 만난 수많은 사람을 통해 문제를 스스로 인식하고 해결하는 방법에 대해 끊임없이 고민해왔습니다. 이 책은 단순한 동기부여가 아닌, 내 안의 진정한 WHY를 찾아 지속 가능한 성장을 이끄는 본질적인 방법을 제시합니다. '남들과의 비교'가 아니라, 오직 '어제보다 한 걸음 더 성장한 나와 비교'하며 오랜 시간 동안 흔들림 없이 꾸준히 성장하는 힘을 실어주고자 합니다.

1장에서는 인생의 비바람에 흔들리지 않고 나아가기 위해 나만의 북극성을 찾아가는 여정을 이야기합니다. 특히 나만의 방향을 찾아야 하는 이유와 진짜 내 삶을 살아가는 목적을 찾는 방법에 대해 말씀드리려고 합니다.

2장에서는 힘들게 도전했음에도 불구하고 금방 포기하는 이유에 대해 말씀드립니다. 내가 선택한 목표가 남들 보기에 좋아 보이는 것이 아니라 내 안에서 우러나와야 하는 이유를 이야기합니다.

3장에서는 성공에 대한 잘못된 통념을 깨뜨리는 방법을 알려드립니다. 무한 경쟁에서 벗어나 나만의 방식으로 지속 가능하게 성장하려면 어떻게 해야 하는지, 제가 직접 경험했던 수많은 도전과 처절한 실패 경험을 통해 얻은 찐 노하우를 전수합니다.

 4장에서는 결국 해내는 사람의 7가지 실천 방법에 대한 꿀팁을 알려드립니다. 말로만 열심히 하는 것이 아니라 결국 해낼 수밖에 없는 방법을 그대로 실천하다 보면 어느새 자신의 목표에 다가왔음을 느끼게 될 것입니다.

 5장에서는 가장 빛나는 순간 위에 서 있는 우리를 상상하며 나아가는 방법을 알려드립니다. 우리는 과거도 아닌, 미래도 아닌 지금, 이 순간에 서 있습니다. 내가 할 수 있는 최고의 방법은 지금 할 수 있는 것을 해내는 것입니다.

 무언가에 도전할 때 시련과 난관은 반드시 만나게 되어 있습니다. 그걸 정면으로 돌파하면 거뜬히 넘어설 수 있지만, 애써 외면하며 편법만을 찾는다면 돌고 돌아 결국 다시 마주하게 될 뿐입니다. 난관을 정면 돌파하는 방법은 내 안의 WHY를 찾는 것입니다.

 이제 저와 함께 내 안의 WHY를 찾는 여정을 떠나보시죠.

**결국 해내는 사람은**

**무엇이 다른가**

1장

# 인생은
# 나만의 북극성을
# 찾아가는 여정

01. 내가 진짜 원하는 삶은 무엇인가?

02. 나침반이 되어 주는 질문의 힘

03. 인생의 우선순위를 정한다는 것

04. 열정이 아닌 방향을 찾아라

05. 남들과 같아지려고 하지 마라

06. 내가 선택한 길에 확신을 더하는 법

07. 길을 걸으며 길을 만든다

나만의 방향과
목표를 설정하는 것이
삶의 첫걸음이다.

## 01. 내가 진짜 원하는 삶은 무엇인가?

 사람들은 누구나 자기 안에 무언가를 이루고 싶은 욕구를 하나씩 가지고 있습니다. 그런데 이 욕구를 한 꺼풀만 들춰보면, 종종 놀라운 사실을 발견하게 됩니다. 우리가 추구하는 것이 진정 '내가 원하는 것'이 아니라 '남에게 좋아 보이는 모습'인 경우가 많다는 것입니다. 이렇게 타인의 시선에 맞춘 목표를 향해 달려간다면, 그 목표에 도달하기가 무척 힘들 것입니다. 설령 도달한다 해도 공허함과 방황을 느끼게 될 확률이 높습니다.
 최근 많은 사람이 '워라밸(Work-Life Balance)'을 인생의 중요한 가치로 꼽습니다. 특히 제가 만나는 대학생들과 이야기를 나눠보면, 많은 취준생이 대기업이나 공기업에 들어가고 싶어 합니다. 그 이유를 물으면 대개 "적당한 급여와 워라밸 때문"이라고 답하더군요. 하지만 제가 공기업에서 일해 본 경험에서 말씀드리자면, 단순히 워라밸을 위해 입사한다면 실망할 가능성이 크다는 것입니다. 이건 워라밸이 지켜지지 않아서가 아니라, 워라밸이라는 단어 자체가 가지고 있는 속뜻 때문입니다. 사실 워라밸이라는 말에는 '하기 싫은 일을 참고 하는 삶'이라는 전제가 깔려 있거든요. 따라서 워라밸을 찾겠다는 말의 속뜻은 결국 하기 싫은 일과 하고 싶은 일 사이의 균형을 맞추겠다는 것에 불과합니다.

그렇다면 처음부터 하기 싫은 일을 참고, 해야 하는 삶의 방식을 선택하는 것이 과연 옳은 걸까요? 중요한 것은 남들이 보기에 좋아 보이는 직업을 갖는 것이 아니라, 내가 진짜 무엇을 하고 싶은지를 깊이 생각하는 것입니다. 공기업이든 대기업이든 또는 스타트업이든 그것이 나의 꿈을 이루기 위한 과정 중 하나라면 의미가 있지만, 선택한 이유가 단지 워라밸 때문이라면 쉽게 실망하게 될 것입니다. 우리가 진정으로 해야 할 일은 워라밸을 찾는 것이 아닙니다. 내면의 목소리에 귀 기울이고, 그 목소리가 이끄는 삶을 살아가는 것입니다.

대부분은 좋은 성적을 받기 위해 공부하지만, 사실은 공부한 만큼의 성적을 받을 뿐입니다. 좋은 대학에 들어가기 위해 공부하는 것이 아니라 실력에 맞는 대학에 들어가는 것이고, 누가 봐도 탐낼 정도의 실력을 갖추게 된다면 자연스레 좋은 직업을 가지게 되는 것입니다. 매슬로의 욕구 단계설에 따르면, 인간은 기본적인 생리적 욕구부터 시작해 자아실현의 욕구까지 단계별로 욕구를 충족시켜 나갑니다. 특히 성인이 되면서는 주변에서 인정받고 싶은 욕구를 충족하기 위해 좋은 대학, 좋은 회사, 높은 연봉 등을 원하게 됩니다. 그러나 곰곰이 생각해보면 '이게 과연 진짜 내가 원하는 것이었나?'라는 의문이 듭니다.

운전을 처음 배울 때는 잔뜩 긴장해 앞만 보게 됩니다. 하지만 안전하게 운전하기 위해서는 주변 상황을 폭넓게 살펴봐야 합니다. 그래야 주변의 교통 흐름, 갑자기 나타날 수 있는 보행자 등을 종합적으로 파악하며 안전하게 운전할 수 있습니다.

우리의 삶도 마찬가지입니다. 누구나 당장 눈앞에 닥친 현안을 해결하려다 보면 시야가 좁아져 폭넓은 시각으로 바라보기가 힘듭니다. 그럴수록 한 걸음 물러서서 나를 바라봐야 합니다. 학생, 직장인, 엄마, 아빠와 같은 사회적 타이틀에서 벗어나 '나'라는 사람을 있는 그대로 바라보는 것입니다. 마치 샤워실에서 내 알몸을 바라보듯 말이죠. 이렇게 나를 객관적으로 바라보며 내가 가진 능력, 시간, 비용과 같이 내가 활용할 수 있는 자원이 어느 정도인지, 어떻게 활용할 것인지를 냉정하게 따져보고 가능성을 예상해 보는 것이 중요합니다.

누구나 자신의 커리어와 미래를 생각하면 막연하고, 어떻게 하는 것이 좋을지 몰라 불안한 마음이 듭니다. 하지만 그 막막함과 불안의 근원을 살펴보면, 지금 내가 무엇을 해야 할지, 어떤 결정을 내려야 할지에 대한 기준이 없기 때문임을 알 수 있습니다.

그것은 바로 나의 진정한 욕망을 제대로 알지 못하기 때문입니다. 우리는 어린 시절부터 자신의 욕망을 스스로 살펴볼 기회가 많지 않았습니다. 그저 부모님과 선생님이 시키는 대로 해왔을 뿐이죠. 물론, 그 당시에 부모님과 선생님은 자신이 겪어온 삶의 노하우를 통해 나름 최선의 방향을 제시해 준 것일 수도 있습니다. 문제는 그렇게 이십 년 이상을 살아오다 이제 사회에 나가게 되어 스스로 판단해야 하는 순간이 왔는데, 정작 내가 나를 모르니 어떻게 해야 할지 모르는 것입니다.

수천 킬로미터를 쉬지 않고 날아가는 철새는 비행하기 전 충분히 먹이활동을 해 자기 몸무게의 두 배까지 지방으로 체내에 축적합니다. 이를 연료 삼아 수천 킬로미터를 쉬지 않고 날아가는 것이죠. 그뿐만 아니라 철새의 눈은 '크립토크롬4'라는 단백질이 있어 지구의 자기장을 시각적으로 감지해 생체 나침반 역할을 합니다. 이 덕분에 월동지까지 머나먼 거리를 비행하는 동안 방향을 잃지 않고 목적지까지 갈 수 있습니다.

이처럼 어딘가를 향해 가기 위해서는 내가 가려는 곳이 정확히 어디인지, 거기에 가기 위해 무엇을 준비해야 하는지를 알아야 합니다. 그래야만 비행 중에 강한 바람에 떠밀리더라도, 폭풍우를 만나더라도, 다소 흔들림이 있어도 방향을 잃지 않고 목표까지 날아갈 수 있습니다. 그뿐만 아니라 어떤 결정을 해야 하는 순간에도 진정한 나의 목표를 향해 다가갈 수 있는 올바른 결정을 하게 되는 거죠.

그만큼 내면의 욕구를 채워갈 수 있는 진정한 삶의 목표 설정이 중요합니다. 그러나 우리는 종종 삶의 목표와 그걸 이루기 위한 수단을 뒤바꾸어 생각하곤 합니다. 예를 들어 좋은 학교, 좋은 직장에 들어가는 것은 인생의 목표가 아니라 성공적인 삶을 살아가기 위한 수단일 뿐입니다.

'직장에서의 나'와 '자연인의 나'를 동일시하여 승진과 성과에 목을 맨다면 주객이 전도된 삶을 사는 것입니다. 제아무리 회사에서 빨리 승진한다고 해도 회사 직함을 빼고 나면 그냥 아파트 분리수거장에서 마주치는 흔한 동네 이웃일 뿐이고, 직함도 조직 내에서나 대단하다고 여길 뿐 길가에서 마주치면 그저 평범한 사람에 불과합니다.

물론 인생을 살다 보면 생각지도 않은 기회를 만나 전혀 다른 삶을 살기도 합니다. 하지만 그 또한 내면의 다른 욕구가 마침 좋은 기회를 만나 시너지 효과를 낸 것일 뿐입니다. 따라서 인생의 중요한 결정을 내려야 할 때 그 기회가 가져다줄 금전적 보상이나 지위에 연연해하거나, 그것이 인생의 전부 혹은 최고의 가치라고 생각해서는 안 됩니다. 목표와 수단이 뒤바뀐 가치판단 기준으로 결정하게 되면 훗날 엄청난 대가를 치를 수도 있습니다. 따라서 '내가 진짜 원하는 것이 무엇인가?'에 대한 답을 찾기 위한 '나의 탐색 과정'이야말로 진정한 삶의 목표를 이루기 위한 첫 단추라 할 수 있습니다.

저는 대학에서 강의하면서 학생들에게 '목표 학점 적어보기'라는 미션을 하나 주었습니다. 제 강의에서 받고 싶은 목표 학점을 적고, 왜 그 학점을 받으려고 하는지, 목표 학점을 이루기 위해 무엇을 해나가야 할지 적어보라고 했습니다. 이는 학생들 스스로 목표점을 찍고 거기를 향해 나아가도록 하기 위함이었지만, 사실은 자신에게 하는 말이기도 했습니다. 저는 늘 스스로 묻습니다. '넌 그걸 왜 하고 싶은 거야?' '도대체 뭘 위해 그렇게 안간힘을 쓰는 거야?'라고 말이죠. 이 질문에 대한 현재 저의 답은, "방황하는 청춘들에게 시행착오를 줄여주고, 자신의 꿈을 꼭 이루게 해주고 싶다. 그러려면 내 경험의 폭이 넓어야 하므로 다양한 경험을 많이 해보고 싶다"라는 것입니다.

세상일이란 게 항상 뜻대로 되지 않고, 진짜 내 가치와는 다른 평가를 받는 경우도 많습니다. 그러나 세간의 평가가 어떠하든 내가 충분한 실력을 갖추고 있다면, 분명 머지않은 시간 내에 그 가치를 알아보게 되어 있습니다. 송곳같이 뾰족한 비장의 능력이 있다면 아무리 감추려 해도 주머니 밖을 뚫고 나오게 마련이고, 우리 선조들은 이를 일컬어 낭중지추(囊中之錐)라고 했습니다.

이제 더 이상 남들 보기 좋아 보이는 인생을 살지 않기를 바랍니다. 내 인생은 나의 것이니까요. 진정으로 내면에 귀 기울이고, 나만의 북극성을 찾아 그 방향을 향해 한 걸음씩 나아가는 여정이야말로 진정한 인생의 의미를 찾는 길이 될 것입니다. 여러분도 오늘부터 이렇게 자문해 보세요. '내가 진정으로 원하는 것은 무엇인가?' 그리고 그 답을 찾아가는 여정을 시작해 보세요. 그 길이 때로는 험난하고 불확실해 보일지라도, 자신만의 북극성을 따라 나아간다면 반드시 의미 있는 삶의 여정이 될 것입니다.

## 02. 나침반이 되어 주는 질문의 힘

 부산항에 가면 엄청나게 큰 선박들이 수많은 컨테이너를 싣고 내리는 모습을 볼 수 있습니다. 이처럼 거대한 크기의 선박이 짐을 가득 싣고 앞으로 나아가기 위해서는 건물만 한 크기의 엔진에서 뿜어져 나오는 강력한 힘으로 스크루를 돌려야만 합니다. 이렇게 큰 선박은 무게가 매우 무겁기 때문에 운동에너지 또한 매우 큽니다. 그래서 항구에 접안할 때도 매우 천천히 그리고 아주 조심스레 해야 하죠. 안 그러면 선박이 항구에 부딪히며 접안시설이 파손될 수 있기 때문입니다.

 그런데 만약 이렇게 큰 선박이 방향을 잃은 채 빠른 속도로 열심히만 달린다면 무슨 일이 생길까요? 네, 장애물에 부딪히며 큰 사고가 나게 됩니다. 만약 그것이 유조선이라면, 깨진 선박 사이로 싣고 있던 기름이 모조리 새어나가며 그 일대의 생태계는 초토화가 될 것입니다. 따라서 목적지에 도착하기 위해서는 정확한 방향을 잡고 가야만 합니다. 어디로 가야 하는지 알 수 없는 배로는 결코 목적지에 도달할 수 없습니다. 그저 이리저리 표류하다 암초에 부딪혀 좌초되거나, 아니면 다른 선박이나 교량에 부딪혀 엄청난 피해를 줄 뿐입니다.

  우리는 종종 '열심히 하겠다'라고 다짐합니다. 물론, 열심히 하는 것은 그 자체로 중요하고 가치 있습니다. 하지만 '열심히'는 하는데, 그 방향이 정해져 있지 않다면, 이는 마치 어디를 향해야 할지도 모른 채 바다를 힘차게 헤쳐 나가려는 배와 같습니다. 결국 어디에도 도달하지 못하고 헤매게 됩니다. 따라서 '정확한 목표'를 설정하고, 그 목표를 향해 나아가야 합니다. 목표를 생생하게 상상하는 것은 그 목표를 향해 나아가는 나침반을 손에 쥐고 있는 것과 같습니다. 이 나침반이 있어야만 방향을 잡고 그 목표에 정확히 도달할 수 있습니다.

  그렇다면 우리는 어떻게 해야 할까요? 우선, 그 목표를 '왜' 원하는지 스스로에게 질문을 던져봐야 합니다. 이건 정말 중요합니다. 그리고 그 목표가 정확히 무엇인지, 언제까지 이루고 싶은지 최대한 구체화하고, 계량화해야 합니다. 아울러 그 목표를 이루었을 때 어떤 기분이 들지를 생생하게 상상해보는 것도 많은 도움이 됩니다. 목표를 생생하게 떠올리며 하루하루를 살아가다 보면, 그 목표를 이루기 위한 과정이 자연스럽게 보이기 시작합니다. 큰 목표를 이루기 위한 작은 목표들을 차례차례 이뤄가게 됩니다.

  대부분의 부모는 자녀가 좋은 대학에 가길 바라는 마음에서 선행학습을 선택합니다. 학원의 으름장과 경쟁적인 분위기 속에서 점점 더 불안감은 증폭되고, 결국 더 많은 학원과 더 유명한 강사를 찾아 지갑을 열게 됩니다. 그러나 불편한 진실은, 선행학습이 아이가 정말 원해서 하는 게 아니라 부모의 불안에서 출발한다는 것입니다.

저는 학군지와 전혀 상관없는 시골에서 아이들을 키웠습니다. 선행학습을 시키지도 않았고, 당연히 선행학습을 하는 학원에도 보내지 않았습니다. 주변 사람들은 선행학습 학원도 안 보내는 저와 아내를 보고 아이를 망친다며 우려 섞인 목소리를 내곤 했지만, 전혀 아랑곳하지 않았습니다. 아이가 왜 해야 하는지 이유도 깨닫지 못했는데 억지로 학원에 보내 선행학습을 시키고 싶지 않았기 때문입니다. 그런데도 딸은 과학고에 진학해 얼마 전 KAIST에 입학했습니다.

딸의 과학고 진학을 앞두고 입시학원을 몇 군데 찾아간 적이 있었습니다. 입시학원에서 실력 테스트를 한 후 번번이 "이 실력으로는 과학고 어림도 없습니다"라는 말을 들었습니다. 학부모들은 대부분 이런 소리를 들으면 불안감에 휩싸이며 얼른 신용카드를 꺼내 학원에 등록할 겁니다. 하지만 저희 부부는 이런 말에 전혀 흔들리지 않았습니다. 당시 딸아이는 선행을 전혀 안 했기에, 고등학교 과정의 문제를 못 푸는 건 당연했기 때문입니다.

저와 아내는 늘 아이가 이 공부를 왜 하려고 하는지를 깨닫게 하는 것이 중요하다고 생각했습니다. 억지로 학습의 방향을 정해주면 아이와 부모 모두 힘들어질 뿐이니까요. 저는 시골에 살면서 아이들과 놀며 아이의 성향을 관찰해 스스로 목표를 찾도록 했습니다. 다양한 경험을 많이 하게 해주었고, 딸아이가 과학에 관심을 보여 어릴 적부터 과학 원리를 이야기하고, 즐겁게 배우는 과정을 함께해왔습니다. 함께 동식물을 키웠고, 인공부화기를 직접 만들어 닭과 오리를 부화시켜보고, 중간에 죽은 알은 깨서 성장단계를 살펴봤습니다. 이런 다양한 활동을 하며 아이는 '왜 공부해야 하는지'를 깨달았고, 꾸준히 실력을 쌓아 결국 어릴 적부터 자신이 꿈꿔오던 학교에 입학하게 되었죠.

아이들은 각자 뛰어난 잠재력을 가지고 있습니다. 다만, '왜 해야 하는지'를 깨닫지 못하면 절대 스스로 움직이지 않습니다. 그래서 저도 아이를 양육하면서 선행학습을 시키기보다 스스로 공부의 이유를 찾도록 했을 뿐입니다. "좋은 대학에 가야 한다"라는 강요 대신 아이의 성향에 맞는 흐름을 존중하고, 더 넓은 세상과 자신만의 역할을 보여주려 했습니다.

이처럼 스스로에게 '왜'라는 질문을 던지는 것은 자신의 미래를 찾아가는 데에도 큰 도움이 됩니다. 저는 취업을 고민하는 청년들과 이야기를 나눌 때 거기에 왜 들어가고 싶은지, 그리고 지원하고자 하는 기업에서 여러분을 왜 뽑아야 하는지 답을 할 수 있는가를 물어봅니다. 우리 모두 각자의 개성과 성격이 있듯 기업도 각자의 신념과 비전이 있습니다. 그리고 실제로 채용할 때도 자신들의 인재상에 맞는 지원자를 뽑기 위한 노력을 합니다. 따라서 기업이 왜 직원을 뽑으려고 하는지를 파악하고, 나를 왜 뽑아야 하는지를 어필한다면 기업도, 지원자도 모두 만족할 수 있는 결과를 도출하게 됩니다.

이렇게 되면 입사 후에도 자신과 기업이 추구하는 방향이 같아져 순풍에 돛을 단 배처럼 자연스레 앞으로 향하게 됩니다. 열의에 차게 되므로 높은 성과 또한 당연히 따라오게 될 것입니다.

새해가 되면 많은 이들이 다이어트와 건강을 위해 꾸준히 운동하기로 결심하지만, 얼마 가지 못해 번번이 실패를 경험하게 됩니다. 이는 대부분 단순히 '살을 빼야 하니까'라는 피상적인 이유로 시작하기 때문입니다. 하지만 이렇게 해서는 며칠 지나 날씨가 너무 안 좋아서, 오늘은 몸이 너무 피곤해서 등의 이유로 운동을 건너뛰게 되고, 결국 실패로 끝나게 됩니다.

하지만 '사랑하는 가족과 건강하게 오래 함께 살고 싶다'와 같은 깊은 이유라면 어떨까요? 이런 목표는 단순한 다이어트가 아닌, 자신의 가치관과 연결되기 때문에 운동을 지속할 수 있는 강력한 원동력을 갖게 됩니다. 우리가 진정으로 '왜'라는 질문에 답할 수 있을 때, 그 과정에서 마주하는 어려움과 장애물을 훨씬 쉽게 극복할 수 있습니다.

그러니 스스로에게 물어보기를 바랍니다. "이걸 왜 하려고 하는가?" 이 질문에 답을 할 수 있다면, 마치 물이 자연스럽게 낮은 곳으로 흘러가듯, 여러분도 자신만의 목표를 향해 자연스럽게 흘러가게 될 것입니다. 이것이 바로 인생에서 나만의 북극성을 찾아가는 여정의 시작입니다.

## 03. 인생의 우선순위를 정한다는 것

    한 공기업의 신입사원 교육에서 보고서 쓰는 방법에 대해 강의했을 때 있었던 일입니다. 저와 같이 기술직으로 입사한 신입사원들이었습니다. 저는 제 소개를 하면서 "국문과 나온 사람도 아니고 화학공학과 환경공학을 전공한 공돌이가 보고서 쓰는 방법에 대해 강의하는 것이 이상하지 않나요?"라고 물었습니다. 그러자 신입사원 대부분이 웃으며 고개를 끄덕이더군요. 저는 신입사원들에게 각자 뛰어난 능력을 갖추고 있음에도 불구하고 스스로 유리천장을 만들어 자신의 능력을 제한하지 말 것을 당부했습니다. 꼭 국문과를 나와야만 글을 잘 쓰고, 엔지니어는 글을 잘 쓸 수 없다는 생각은 자신의 가능성을 제한하는 것이기 때문입니다.

    그러면서 저는 신입사원들에게 "이 회사 왜 들어왔어요?"라고 물어봤습니다. 솔직한 직원들은 "돈 벌려고요"라고 대답하기도 했습니다. 생각해보면 돈 버는 방법이 근로소득만 있는 것은 아닐 텐데 왜 대한민국의 수많은 대학생은 취업을 목표로 할까요? 아마도 '취업' 그 자체가 목표이니 그나마 급여나 근무 여건이 괜찮은 대기업이나 공기업을 선호하는 건 아닌지 모르겠습니다.

우리나라의 수많은 학생은 '좋은 대학'에 가기 위해 오랜 시간 공부합니다. 그리고 자신의 내신등급과 수능 점수로 갈 수 있는 가장 괜찮은 대학, 가장 취업이 잘될 것으로 보이는 학과에 지원합니다. 하지만 정작 그 학과에서 전공과목을 듣다 보면 '내가 도대체 이 공부를 왜 하는 거지?'라는 생각으로 방황도 합니다. 학년이 올라가고 졸업이 다가올수록 취업에 대한 압박으로 인해 높은 학점을 받기 위해 공부하고, 기업에서 요구하는 수준의 공인 영어 점수를 위해 공부하며, 전공 자격증을 취득하는 등의 스펙을 쌓아 취업합니다. 그렇게 취업에 성공해 회사에 다니다 보면 어느 순간 또다시 방황이 시작됩니다. 그래서 남들은 못 들어가서 안달인 회사를 자기 발로 뛰쳐나가지요. 멀리 볼 것도 없이 지금 바로 SNS에 퇴사 브이로그를 검색해보면 엄청난 콘텐츠가 쏟아집니다.

　도대체 왜 이런 일들이 반복될까요? 그건 바로 인생의 목표가 '대학 입학' '취업'이었기 때문입니다. 대학에 다니고, 직장에 다니는 것이 자기 인생의 큰 목표를 이루기 위한 과정이어야 함에도 그 자체가 목표가 되다 보니, 목표를 이루고 나서 그다음 어디로 향해야 할지를 몰라 방황하는 것입니다.

　기업 강의를 마치자, 강의를 들었던 한 신입사원이 제게 조용히 다가와 말을 걸었습니다. 사실 자기도 그냥 수능 점수에 맞춰 전공을 선택했지만, 생각했던 것과 많이 달라 방황의 시간을 가졌노라고 제게 털어놓았죠. 결국 이 신입사원은 자기가 진짜 하고 싶은 것을 찾아 복수 전공을 했고, 결국 본 전공이 아닌 복수 전공한 분야로 취업에 성공했습니다. 잠깐의 대화였지만, 그 신입 직원이 얼마나 큰 노력을 했을지 눈에 선했습니다. 어쩌면 본 전공 학과에서 외도하는 것처럼 보였던 그 신입 직원의 학창 시절, 자신이 개척해 나가려는 길에 훼방을 놓는 사람들도 분명히 있었을 겁니다. 하지만 그런 것들을 꿋꿋하게 이겨내고, 그 어렵다는 공기업 취업에 성공해 결과로 과정을 증명한 모습이 정말 멋있었습니다.

부동산에서 집값을 정하는 요인에는 직장, 교통, 상권, 환경 등의 요소도 있지만, '학군지'라는 요소도 매우 중요하게 작용합니다. 배정받는 초등학교가 사람들이 선호하는 중학교로 진학할 수 있는 곳인지를 보죠. 선호하는 중학교는 학업 성취도가 높고 특목고 진학률이 높은 학교입니다. 그런데 왜 특목고 진학률이 높은 학교를 선호할까요? 그건 바로 특목고에 진학하면 좋은 대학에 진학할 수 있기 때문입니다. 이게 실제로 집값을 정하는 중요한 요인 중 하나라는 것을 부인할 수는 없지만, 안타깝게도 저는 이건 완전히 순서가 뒤바뀌었다고 생각합니다. 사람들은 특목고에 가면 좋은 대학을 간다고 생각하지만, 사실은 좋은 대학을 갈 정도로 공부를 열심히 했기에 자신의 수준에 맞는 좋은 대학을 갈 뿐입니다. "그게 그거 아니냐?"라고 반문하실지 모르겠지만, 이건 엄연히 다른 얘깁니다. 학부모님들은 "공부 잘하는 아이들이 모인 곳에 가면 분위기가 좋으니, 공부를 잘하지 않을까?"라고 생각하기도 합니다.

그러나 자녀가 스스로 이 공부를 왜 해야 하는지 깨닫지 못한 상태에서 공부 머신들이 모여 있는 곳에서 피 터지는 경쟁을 경험하고, 거기서 처참한 결과를 받아 들면 멘탈이 와르르 무너집니다. 특목고에 입학한 학생 중에서 자퇴하거나, 일반고로 전학을 가거나, 극심한 스트레스로 신경정신과를 찾는 아이들이 매년 나옵니다. 그 이유가 바로 스스로 깨닫지 못하고, 무엇이 먼저인지도 모른 채 다른 사람들이 좋다고 하는 특목고에 맹목적으로 지원했기 때문입니다. 부모님과 선생님들은 공부를 열심히 해야 한다고 말합니다. 하지만 도대체 왜 공부를 열심히 해야 하는지는 잘 말해주지 않습니다. 그저 맹목적으로 공부를 잘해야 한다고 말할 뿐이지요.

실제로 사회에 나와 보면 학창 시절 공부를 잘한 사람들이 대개 성공하는 경우가 많습니다. 그렇다면 사회에 나와 잘 살아가기 위해 공부를 잘해야 하는 걸까요? 꼭 그렇지만은 않습니다. 실제로 학창 시절 그리 공부를 잘하지 않았던 사람들도 성공한 사례들이 많거든요. 그런데도 공부를 잘한 사람들이 사회적인 성공을 거둔 경우가 많은 이유는 뭘까요? 그건 바로 공부를 잘하는 과정에서 겪었던 '성취의 경험'이 있기 때문입니다. 공부를 잘하기 위해서는 어려운 개념을 이해하고, 사고할 줄 아는 능력이 필요합니다. 매 순간 이런 경험을 마주하게 되고, 그 난관을 넘어서야만 좋은 성적을 거둘 수 있죠.

공부를 잘했던 사람들은 이 난관을 정면 돌파해 극복한 성취의 경험이 자기 안에 쌓여 있습니다. 그뿐만 아니라 그 과정에서 엄청난 실패를 경험하고 그걸 딛고 일어서는 경험을 합니다. 그래서 살아가며 마주하는 삶의 난관들을 회피하거나 편법을 쓸 생각을 하지 않고 정면 돌파해 넘어서고, 결국 자신이 원하는 목표에 도달하는 것입니다. 설령 학창 시절 공부를 잘하지 못했더라도 사회적으로 성공한 사람들은 다른 형태로 이런 난관을 넘어선 성취의 경험을 쌓았기에 지금의 성공한 모습이 있는 것입니다.

우리의 인생 목표가 좋은 대학 입학, 좋은 기업 취업이 되어서는 안 됩니다. 이건 내가 원하는 인생을 살아가기 위한 과정이어야만 하죠. 내 인생의 진정한 목표가 무엇인지 세워지면 그걸 달성하기 위해 내가 쓸 수 있는 자원인 시간과 노력을 집중해서 쓰게 됩니다. 내가 뭘 원하는지, 내가 뭘 좋아하고 잘하는지를 스스로에게 먼저 물어봐야 합니다. 이게 우리에게 주어진 최고 우선순위의 질문입니다.

이건 평소 공부를 하거나 일을 할 때도 마찬가지입니다. 무엇을 위해 공부하는지, 어떤 성과를 내기 위해 일하는지가 명확해지면 거기에 최선의 집중을 하게 됩니다. 중요하지 않은 일임에도 그냥 열심히 한다고 해서 그 일이 중요해지는 건 아닙니다. 내가 많은 시간과 노력을 들인다고 해서 그 일이 중요해지는 것도 아닙니다.

따라서 내게 우선순위가 무엇인지를 명확히 파악하고, 그 우선순위에 따라 가장 생산성이 높은 행동을 해야 합니다. 이렇게 우선순위가 정해지고 나면 내게 불필요한 것들은 자연스레 후순위로 밀려나게 됩니다. 선택과 집중을 할 수 있으니 성과도 좋게 나타납니다. 어차피 우리에게 주어진 시간은 누구에게나 공평하게 하루에 24시간입니다. 그러니 이 시간을 소중하게 활용하며 하루하루를 알차게 살아가기 위해서는 내 인생의 우선순위가 무엇인지를 먼저 찾아야 합니다.

파레토 법칙에 따르면 성과의 80퍼센트는 20퍼센트의 노력으로 나옵니다. 따라서 모든 것을 다 잘하려고 하지 말고 진짜 집중해야 하는 것을 찾아 거기에 노력을 쏟아야 합니다. 이렇게 내 인생의 우선순위를 찾으면 결국 원하는 삶을 살아가게 될 것입니다.

## 04. 열정이 아닌 방향을 찾아라

제 어릴 적 꿈은 비행기 조종사였습니다. 제가 고등학생이던 90년대만 해도 지금처럼 비행기 조종사가 되는 길이 그렇게 다양하지 않았습니다. 당시 가장 일반적인 방법은 공군사관학교나 항공대 항공운항과를 가는 거였습니다. 하지만 고2 때부터 눈이 나빠져 시력이 당시 신체검사 기준인 1.0에 미치지도 못했을 뿐만 아니라 공군사관학교를 갈 정도로 공부를 잘하지도 못했습니다.

저는 결국 비행기 조종사의 꿈은 내려놓을 수밖에 없었고, 대신 비행기나 자동차에도 관심이 많았기에 기계공학과로 진학하고 싶었습니다. 하지만 입시 결과 조금 낮은 학교의 기계공학과를 갈지, 아니면 조금 나은 학교의 화학공학과를 갈지 선택해야만 했습니다. 당시 저의 선택은 조금 더 나은 학교의 화학공학과를 가는 거였습니다.

그렇게 화학공학과에 들어갔지만, 전공과목은 제가 생각한 것과 많이 달랐고, 매 순간 '도대체 내가 이걸 왜 배우는 거지?'라는 생각이 머리에서 떠나지를 않았습니다. 이 질문에 대한 답을 찾지 못한 저는 방황하기 시작했고, 급기야는 대학교 2학년 때 공대생이라면 누구나 배우는 '공업수학 2' 중간고사에서 빵점을 받았습니다. 당시 강의하시던 교수님께서 저를 부르셨습니다.

교수님: 호중아, 너 왜 공부 안 하니? 안 그럴 거 같은 녀석이 말이야.
나: 전공이 맘에 안 듭니다. (내가 미쳤지. ㅠㅠ)
교수님: 그래? 그럼, 뭐 하고 싶은데?
나: 저 비행기 만들고 싶어요.
교수님: 그래? 그런데 지금 배우는 공업수학이나 유체역학 이런 거 전부 네가 하려는 비행기 만드는 데 다 필요한 것들이잖아. 나중에 전공을 바꾸더라도 일단 지금 해야 할 건 하는 게 좋지 않겠니?

지금 생각해보면 정말 쥐구멍에라도 숨고 싶을 정도로 창피한 일이었지만 그때는 저도 이렇게 방황하던 시절이었습니다.

시간이 흘러 저는 대학교 강단에서 대학생들에게 전공과목을 가르치는 일도 하고 있습니다. 제가 전공 강의할 때 유난히 심하게 조는 학생이 있었는데, 역시 예상대로 그 학생의 중간고사 점수는 처참했습니다. 마치 20여 년 전 저를 보는 것만 같았습니다. 어느 날, 학생들을 인솔해 한 기업의 실험실로 현장 견학을 갔습니다. 이 날 정말 놀라운 광경을 목격하게 되는데, 그건 바로 수업 시간마다 풀린 눈으로 졸기만 하던 학생의 눈빛에서 레이저가 나오는 모습이었습니다.

저는 어째서 이토록 강렬한 눈빛이 그 학생의 눈에서 나오는지 궁금했습니다. 그리고 그 비밀은 현장 견학 후 제출한 결과보고서에서 찾을 수 있었습니다. 이 학생도 그동안 '도대체 이걸 내가 왜 배우고 있나?'라는 대답에 스스로 답을 할 수 없었던 거였습니다. 마치 20여 년 전 저의 모습처럼 말이죠. 그런데 현장 견학에서 그간 강의 시간에 억지로 배우며 귓등으로나마 흘려들었던 것들을 번쩍번쩍한 최첨단 실험실에서 진짜로 보게 되니 정신이 번쩍 들었던 거였습니다. 현장 견학을 다녀온 것을 계기로 이 학생은 다행히 진로에 대해 고민하게 되었고, 종강 이후에도 제게 따로 자신의 진로에 대한 상담을 이어가기도 했습니다. 이런 스토리가 비단 저와 제 수강생의 얘기만은 아닐 거로 생각합니다. 독자 여러분을 비롯해 수많은 사람의 공통된 이야기죠.

  사람들은 자기가 해야 할 무언가를 이루기 위해 열심히 합니다. 하지만 얼마 못 가 대부분 나가떨어집니다. 누가 시킨 것도 아닌데 하나같이 스스로 포기하고 말죠. 도대체 왜 그럴까요? 그건 바로 자신이 어디를 향해 뛰는지도 모른 채 열정만 가지고 열심히만 뛰려고 하기 때문입니다. 하지만 이렇게 열심히 뛰다 보면 숨이 차오르고 다리에 힘이 풀리는 순간이 오고, 이내 마음속에 이런 생각이 밀려들게 되지요.

  '난 도대체 왜 이렇게 열심히 뛰고 있는 거지?'

  많은 사람이 좋은 대학에 가기 위해 열심히 공부해야 한다고 하나같이 입을 모아 말합니다. 좋은 대학에 들어가야 좋은 회사에 취직할 수 있고 인생이 펴기 때문이라고 말이죠. 그래서 자기 점수로 갈 수 있는 가장 좋은 대학에 들어가고 나면 이내 20여 년 전의 저와 얼마 전 제 수강생이 그랬던 것처럼 '이 공부 왜 하는 거지?'라는 생각이 들며 방황합니다.

설령 어찌어찌 졸업하고, 취직을 한다 해도 상황은 크게 달라지지 않습니다. 남들 보기에 그럴듯해 보이는 회사에 취업하고 나면 폼 나는 사원증이 걸린 목과 어디에 내놔도 꿀리지 않을 명함을 든 손에는 은근히 힘이 들어갑니다. 하지만 현실에 이리저리 부딪히며 마음에 생채기가 나고, 그런 과정을 견뎌내고 서 있지만, 내 미래의 모습인 듯 그다지 선망의 대상으로 보이지 않는 상사의 모습을 보고 나면 이내 같은 고민을 하게 됩니다.

'난 도대체 어딜 향해 달리고 있는 거지?'

그렇습니다. 우리가 이처럼 다람쥐 쳇바퀴 돌 듯 열심히는 달리는데 머지않아 똑같은 고민을 하게 되는 이유는 바로 자기가 무엇을 진정으로 원하는지, 정확히 어디를 향하는 것인지 생각하지 않은 채 무작정 열심히 달리기만 하기 때문입니다.

만약 여러분들이 '대전'에 가야 한다면 어느 방향으로 가야 할까요? 서울에 있는 사람은 남동쪽을 향해야 할 거고, 대구에 있는 사람은 북서쪽으로, 광주에 있는 사람은 북동쪽으로 향해야 합니다. 분명 같은 '대전'을 가는데 자신이 어디 있느냐에 따라, 가야 하는 방향은 모두 다릅니다. 그런데 사람들은 자신이 어디에 있는지도 모른 채 그저 무작정 열심히만 달리려고 합니다.

눈을 가리고 전속력으로 달릴 수 있나요? 앞에 뭐가 있는지 알 수 없고, 이 방향으로 가는 것이 맞는지 확신이 없으므로 절대 전속력으로 달릴 수 없습니다. 겁이 나거든요. 그런데 우리는 지금 눈을 가린 채 의욕만 불타서 열심히 달리려고 하는 것은 아닌지, 스스로에게 물어볼 필요가 있습니다. 우리는 좋은 학교에 들어가기 위해, 좋은 회사에 들어가기 위해 태어나서 사는 것이 아닙니다. 그런데도 많은 사람이 남들 보기 괜찮은 대학, 남들 보기 괜찮아 보이는 회사에 들어가는 걸 인생 과제라고 생각합니다.

저는 학생들에게 졸업하고 뭐 할 건지를 종종 물어보곤 합니다. 대부분 취업이나 대학원 진학을 말하지요. 하지만 왜 그걸 하고 싶은지를 물어보면 안타깝게도 꿈을 이루기 위한 과정으로 말하는 경우는 매우 드뭅니다. 자신의 진로 선택 기준이 내가 아닌 남들에게 보기 좋아 보이는 모습을 꿈꾸는 경우가 대부분이죠. 물론 좋은 대학, 좋은 기업에 들어가면 좋습니다. 굳이 실력을 말로 표현하지 않아도 학교 간판으로 내 실력이 설명되며, 굳이 말하지 않아도 내 명함으로 지금까지의 노력이 설명되니까요. 문제는 '그다음'입니다.

좋은 학교에 들어가는 것, 좋은 회사에 취직하는 것은 자신이 궁극적으로 이루고자 하는 목표를 향하는 과정이어야지 그 자체가 목표가 되면 곤란합니다. 어딘가에 들어가는 것이 목적이 되면 그 목적을 이루는 순간 이제껏 인내하며 버텨왔던 모든 노력의 이유가 사라지기 때문에 그다음 어디를 향해야 할지 방향을 잡을 수 없게 됩니다. 이게 바로 많은 사람이 좋은 학교, 좋은 회사에 들어가고 나서 방황하는 이유입니다.

좋은 학교, 좋은 기업에 들어가는 건 내 인생의 목표를 이루기 위한 수단일 뿐인데 그 수단을 목표로 착각했기 때문이죠. 꼬리가 몸통을 흔드는 전형적인 경우입니다. 당장 눈앞의 것에 시선을 두면 안 됩니다. 비록 보이지 않더라도 먼 곳에 궁극적으로 내가 도달해야 할 꿈을 마음속에 두어야 합니다. 그리고 그걸 이루기 위해 지금 해 나가야 할 눈앞의 작은 목표들을 하나하나 성취해 가야 하죠. 여러분들은 지금 마음속에 어떤 꿈을 가지고 있나요? 그 꿈이 이끄는 방향으로 열정을 쏟으면 좋겠습니다.

## 05. 남들과 같아지려고 하지 말라

 우리 모두 인생을 살아가며 누구나 한 번쯤 나의 못난 모습을 마주하곤 합니다. 이 모습을 보고 괴로움을 느끼게 되지요. 이 괴로움의 근원은 내가 원하는 이상향과 현실 사이의 차이에서 비롯되며, 그 차이가 클수록 괴로움도 더 커지게 되죠. 만약 좋은 직장에 취업하고 싶은데 내가 가진 능력이 그곳에 들어갈 정도의 실력이 되지 않는다면 여기서부터 괴로움이 시작되잖아요.

 그렇다면 이 괴로움을 어떻게 해결할 수 있을까요? 그 해답은 바로 '나의 못난 모습'을 마주하는 것에서 시작합니다. 현재 내 수준을 인정하고, 내가 원하는 수준과의 차이를 명확히 인식할 때 비로소 변화의 첫걸음이 시작되지요. 하지만 이 과정은 절대 쉽지 않습니다. 나의 현재 상태, 나의 부족함, 나의 한계를 마주하는 것은 정말 불편해서 외면하고 싶거든요. 따라서 대부분은 '불편한 진실'을 마주하는 것을 외면하려고 합니다. 그래서 애먼 SNS에 허세 사진을 올리고, 있는 척을 하고, 불공정한 세상 탓, 기울어진 운동장 탓을 하곤 합니다.

 하지만 안타깝게도 이렇게 현실을 부정한다고 해서 해결되는 건 하나도 없습니다. 오히려 나의 못난 모습, 그 '불편한 진실'을 있는 그대로 직면할 때 진정한 변화가 시작됩니다. '난 여기까지인가 보다'라고 생각하는 순간, 우리는 정확히 그 자리에서 멈추게 됩니다. 하지만 '아! 지금 내 수준이 이만큼이구나. 그럼, 이제 내 목표를 향해 가려면 뭘 해야 하지?'라고 생각하면 이때부터 진정한 성장이 시작됩니다.

여기서 우리가 기억해야 할 중요한 사실이 하나 있습니다. 그건 바로 남들이 하는 걸 보고 무작정 따라가서는 안 된다는 겁니다. 왜냐하면 우리는 각자 다른 능력을 갖추고 있고, 서 있는 위치도 다르기 때문입니다. 내가 아무리 수영을 잘하고 싶어도 이제 처음 수영을 배우는 거라면 엄청나게 비싼 돈을 내고 박태환 선수에게 가서 배우는 것보다 집에서 가까운 체육센터 수영 기초반에 등록해서 물장구치는 것부터 시작하는 것이 올바른 방법이죠.

이처럼 내 여건과 상황은 생각하지도 않은 채 남이 좋다고 해서 무조건 따라 하고, 주변 사람과 끊임없이 비교하며, 그 사람들과 같아지려고 발버둥 치다 보면 자존감은 끝없이 하락하고 결국 좌절하게 됩니다. 이런 방식은 결코 좋은 방법이 되지도 못할뿐더러, 지속 가능하지도 않습니다. 따라서 내가 가진 조건과 상황을 있는 그대로 받아들이고, 그 상태에서 내 방식대로 한 발씩 나아가는 것이 필요합니다.

우리는 살아가면서 수없이 수없이 많은 비교의 함정에 빠집니다. "관식이 오빠 이번에 외고 붙었다더라" "애순이는 선행 하나도 안

했는데 S대 장학생으로 붙었대!" "지난번 K 프로젝트에 금명 대리가 윗분들께 눈도장을 확실히 찍어서 이번에 특별 승진 대상에 올라갔다는 거 있지?" 어디 이뿐인가요? SNS를 열면 어떻게 된 게 세상 사람들은 죄다 화려한 집에, 으리으리한 외제 차를 몰고 다니고, 매번 비싼 호텔 레스토랑에서 식사하며, 해외여행을 다니는 사람들로 가득합니다. 물론 이건 수많은 특별 사례만 모아놓은 거라 허상에 불과한 경우가 대부분이죠.

그런데도 이렇게 누군가는 나보다 더 많이 성장하고, 더 많은 것을 이룬 것처럼 보이면 나도 괜히 뭔가 조급해지고, 나만 뒤처지고 있는 것 같은 불안감에 빨리 무언가를 이뤄야 할 것 같은 조바심이 듭니다. 자존감이 바닥을 치는 건 덤이고 말이죠. 하지만 이렇게 비교 대상이 있는 한, 우리는 언제나 부족한 존재일 수밖에 없습니다. 왜냐하면 세상에는 언제나 나보다 나은 누군가가 있기 때문이지요. 이런 무한한 비교의 늪에 빠지면 스스로에 대한 불만과 자책만 깊어질 뿐입니다.

'엄친아'라는 말이 있습니다. 수학 잘하는 엄마 친구 아들, 영어 잘하는 엄마 친구 아들, 좋은 회사에 다니는 엄마 친구 아들, 재테크에 성공한 엄마 친구 아들 등등. 사실 현실적으로 이런 모든 조건을 한 사람이 다 갖춘 경우는 극히 드뭅니다. 가장 대표적인 사례가 앞에서 얘기한 SNS에 올라오는 수많은 허세 인증샷이죠. 자꾸 이런 것을 보면 우리는 점점 더 이런 비현실적인 조합을 기준으로 자신을 비교하며 자존감은 점점 낮아지고, 자신이 가진 것보다는 가지지 못한 것에만 집중하며 살아가게 됩니다. 이건 정말이지 시작부터 나를 나락으로 떨어뜨리는 방법이에요.

사람들은 대부분 자기가 가진 아흔아홉 개는 바라보지 못하고, 가지지 못한 한 개를 아쉬워하며 살아갑니다. 그런데 아이러니하게도 또 누군가는 내가 가진 아흔아홉 개 중 한 개를 그토록 부러워한다는 겁니다. 지금 여러분들도 이러고 계신 건 아닌지요? 우리는 각자 자신만의 빛을 가진 존재입니다. 세상의 모든 새가 독수리처럼 높이 날 필요는 없습니다. 참새는 참새대로, 비둘기는 비둘기대로 각자 자신만의 방식으로 살아가면 되니까요. 우리도 마찬가지입니다. 남들의 잘난 면만 바라보고 부러워하기보다 내가 가진 강점에 집중할 때, 가장 나답게 살아갈 수 있습니다.

그러므로 내가 뭘 잘하는지, 뭘 좋아하는지 스스로에게 끊임없이 물어보시기를 바랍니다. 내가 좋아하고 잘하는 것에 집중하며 살아갈 때 시간 가는 줄 모르고 몰입하고, 그 순간이 가장 행복하거든요. 이렇게 하면 꾸준히 할 수 있고, 꾸준히 하니까 잘하게 되기 때문에 결국 어느 순간 나에게 기회가 오게 됩니다. 기회는 이렇게 잡는 겁니다. 아무리 기회가 와도 준비가 되어 있지 않으면 잡지 못하고, 심지어 기회가 왔는지조차도 모르게 되거든요.

겨울철 강화도나 영종도 주변에서는 기러기 떼가 V자 편대로 날아가는 것을 쉽게 볼 수 있습니다. 이 녀석들은 시베리아 지역에서 지내다가 겨울이 되면 우리나라로 날아와 월동하죠. 기러기는 지구 둘레의 사 분의 일에 달하는 엄청난 거리를 쉬지 않고 비행합니다. 하지만 기러기가 먼 여정을 날아가는 동안 아무런 바람이 없기만을 바란다면 과연 땅을 박차고 하늘로 날아오를 수 있을까요? 설령 날아오를 때는 바람이 없었다 하더라도 목적지까지 가는 과정에서 바람이 없을 수는 없습니다. 바람이 없는 건 애당초 불가능하죠.

이처럼 우리 인생도 목표를 향해 나아가는 과정에서 예상치 못한 어려움을 만나기도 합니다. 아니, 반드시 만나게 됩니다. 그러나 이런 어려움은 기러기가 날아가는 과정에서 반드시 만나게 되는 바람과 같습니다. 기러기는 비행 중 만나게 되는 바람을 문제로 바라보는 것이 아니라, 이 상황을 있는 그대로 받아들이고 어떻게 해야 안전하게 월동지까지 갈 수 있을지만 집중합니다. 우리의 삶도 그래야 하지 않을까요?

어디 이뿐인가요? 나는 참새만 한 날개로 열심히 파닥거리며 겨우 날아올랐는데, 누군가는 거대한 날개를 펴고 높은 곳에서 빠르게 날아가는 모습을 보면 조급한 마음이 들기도 합니다. 하지만 중요한 건 남의 속도가 아닌 나만의 속도, 내 방향으로 꾸준히 나아가는 거예요. 앞서가는 사람과의 비교 대신, 어제의 나보다 오늘의 내가 조금이라도 나아졌다면, 여러분은 이미 충분히 잘하고 있는 거니까요.

그러기 위해서는 일단 나를 사랑해야 합니다. 어제보다 한 걸음 더 성장한 나를 말이죠. 어쩌면 '나 자신을 사랑하는 것'은 가장 어려운 일일지도 몰라요. 왜냐하면 우리는 이제까지 남과의 비교에

익숙한 삶을 살아왔고, 늘 누군가에게 뒤처져 열등감을 느끼며 살아왔기에 자신에게 따뜻한 말을 건네는 것이 어색할 수 있기 때문이지요. 하지만 자신을 사랑하고 격려하지 않는다면 세상 그 누구도 나를 대신 사랑해주지 않습니다. 생각해보세요. 내가 나를 사랑하지 않는데 어떻게 세상이 나를 사랑하겠어요? 그러니 이 말을 소리 내어 읽어보세요.

"나는 정말 괜찮은 사람이야."

"나는 충분히 사랑받을 만한 사람이야."

진짜 닭살 돋고 어색해 몸서리쳐질지도 모릅니다. 그러나 처음에는 어색해도, 계속해서 자신을 향한 격려를 반복하면 어느 순간부터 자신을 대하는 태도가 달라짐을 느낄 수 있을 겁니다. 우리는 이때부터 남과의 비교에서 벗어나 내가 가진 가치에 온전히 집중할 수 있게 됩니다.

지금 내가 원하는 목표가 멀고 힘들게 느껴질지라도, 그 길을 걷기 위한 첫걸음은 '나의 진짜 모습'을 마주하고, 나만의 방식으로 나아가는 것임을 잊지 마시기를 바랍니다. 그리고 남의 기준에 맞추려 하지 말고 나만의 기준으로 늘 어제보다 딱 한 걸음씩만 앞으로 나아가보세요. 중요한 것은 목표를 향한 나만의 발걸음을 멈추지 않는 것입니다. 내가 가진 강점과 매력, 그 빛을 믿고 꾸준히 나만의 길을 걸어간다면, 그 길 위에서 여러분들은 분명 자신만의 북극성을 만나게 될 것입니다. 여러분의 길을 진심으로 응원합니다.

# 06. 내가 선택한 길에 확신을 더하는 법

제2차 세계대전은 인류의 전쟁 역사에서 무기체계가 전함 중심에서 항공기로 넘어간 매우 의미 있는 계기가 된 전쟁이었습니다. 한때 전함은 '힘의 상징'이었고, 전함에 달린 대포의 크기만큼 전쟁에서 우위를 점할 수 있었죠. 전함은 육상에서 운용하는 대포와는 비교할 수 없을 정도로 거대한 포를 탑재할 수 있었습니다. 이렇게 거대한 대포에서 날려 보내는 엄청난 크기의 포탄은 상대 진영의 목표물을 가루로 만들어버릴 수 있는 엄청난 파괴력을 가지고 있지요. 그래서 열강들은 너도나도 더욱 큰 대포와 이걸 달 수 있는 거대한 전함, 이른바 거함거포(巨艦巨砲) 중심의 무기체계를 발전시켜 나갔습니다.

이러한 무기체계에도 한계는 있었습니다. 큰 전함을 만들고 운용하기 위해서는 엄청나게 많은 비용과 인력이 필요했기 때문입니다. 하지만 기술이 발달하며 이러한 전통적인 방식의 한계를 뛰어넘은 혁신이 일어났습니다.

그건 바로 항공기였습니다. 항공기의 등장으로 이제까지 생각해오던 것과 전혀 다른 개념의 전투가 벌어지게 되었습니다. 항공기에 폭탄을 싣고 멀리 있는 목표물까지 날아가 폭탄을 떨어뜨릴 수 있게 된 거죠. 이 새로운 전술은 비용 면에서도 굉장히 효율적이었습니다. 항공기는 전함 건조 비용과 비교할 수 없을 정도의 저렴한 비용으로 만들 수 있음에도 불구하고 그 어떤 대포보다 더 멀리, 더 정확히 목표물을 타격할 수 있었으니까요. 이렇게 새로운 무기 체계인 항공기만으로 본격적인 해전을 벌이게 된 것이 바로 '태평양 전쟁'이었습니다.

하지만 상대도 가만히 있지 않았습니다. 공격하러 오는 항공기를 막기 위해 강력한 대공포로 화망을 촘촘하게 구축했고, 항공기는 이를 피하고자 높은 고도에서 폭격해야 했죠. 이렇게 높은 곳에서 폭탄을 떨어뜨리면 폭탄이 목표물에 잘 안 맞습니다. 왜냐하면 아무리 조준을 잘하고 투하해도 폭탄이 항공기에서 분리되는 순간부터 바람의 영향으로 멀리 빗나가기 일쑤였으니까요.

그래서 등장한 것이 융단폭격입니다. 하나의 목표를 정확히 맞추기 위해 수십 대의 폭격기가 편대를 지어 줄지어 폭탄을 떨굽니다. 그러면 마치 폭탄으로 카펫을 깔듯 목표물 일대가 초토화되죠. 이러한 방식은 목표물을 파괴하는 데는 효과적이었지만, 너무 많은 폭탄을 쏟아부어야 했고, 이에 따라 목표물 주변의 수많은 민간인 희생이 불가피했습니다. 하지만 이런 폭격 방식도 이제는 기술의 발달로 인해 빠르게 없어졌습니다. '정밀 유도 폭격'이 가능해졌기 때문이죠. 예전에는 한 개의 목표물을 맞히기 위해 수십, 수백 발의 폭탄이 필요했지만, 이제는 단 하나의 폭탄으로 하나의 목표물을 정확히 맞힙니다. 레이저나 GPS를 이용해 목표물까지 정밀하게 유도하니 높은 고도에서 폭탄을 투하해도 목표물에 정확히 날아가 꽂히죠.

뜬금없는 전쟁 역사와 무기체계의 변화 얘기에 '이게 뭔 소리인가?' 싶으실 겁니다. 저는 이른바 '멍텅구리 폭탄'으로 불리던 재래식 폭탄과 '스마트 폭탄'으로 불리는 정밀유도폭탄의 차이를 보며 우리의 인생도 이와 비슷하다는 생각을 해봅니다. 우리는 모두 목표를 향해 나아가려고 하지만, 그 여정은 절대 쉽지 않습니다. 왜냐하면 항상 방해하는 수많은 요소가 우리를 가만히 두지 않기 때문입니다. 따라서 목표를 정확히 바라보고 끊임없이 경로를 조절하지 않으면 바람에 떠밀려 목표에서 벗어나는 멍텅구리 폭탄처럼 목표에서 점점 멀어지게 됩니다. 바람이 불고 상황이 어려워지는 일들은 우리 삶에 비일비재하게 일어나기 때문이죠.

반면, 가야 할 목표를 정확히 바라보고 설령 경로에서 벗어나더라도 끊임없이 경로를 조절해 나간다면 우리는 결국 목표에 도달하게 됩니다. 따라서 목표를 '대~충 그 언저리' 정도로 생각해서는 안 됩니다. 송곳처럼 뾰족하고 세세하게 설정해야 합니다. 이런 과정이 바로 내 선택에 확신을 더하는 겁니다.

따라서 우리는 목표를 계량화하고, 달성 시기까지 명확히 해야 합니다. 이처럼 명확해야만 목표에 정확히 도달할 수 있습니다. 이런 방식은 기업에서 경영 목표를 수립하고 경영 평가를 할 때 자주 사용하는 방식입니다. 그런데 이상하지 않나요? 일터에서는 회사를 위해 이걸 그토록 치열하게 고민하고 철저하게 이행하면서 정작 내 인생에서는 왜 이걸 하고 있지 않을까요? 흐릿한 목표는 흐릿한 결과를 가지고 온다는 걸 우리는 이미 알고 있는데 말이죠.

물론 살아가면서 겪게 되는 수많은 이벤트와 목표를 향해 가는 길에 방해가 되는 일들을 마주하면 맥 빠지고, 힘이 들기도 합니다. 또 '이게 맞나?' '제대로 하는 건가?'라는 의심이 들기도 합니다. 이런 의심을 뚫고 앞으로 나아가기 위해 필요한 것이 있습니다. 그건 바로 '자기 확신'입니다. 의심이 드는 것은 자기 생각과 행동에 확신이 없어서 그런 겁니다.

내 안에 강한 자기 확신이 있다면 주변에서 아무리 훼방을 놓고, 비바람이 거세게 불어닥쳐도 절대 흔들리지 않고 중심을 잡을 수 있습니다. 무언가 새로운 것을 도전할 때 사람들은 많이 망설입니다.

'이게 될까? 내가 잘할 수 있을까? 실수하면 어쩌지?'

이런 의심이 우리가 행동하지 못하게 발목을 붙잡습니다. 그러다 보니 결국 조금 더 완벽하게 준비가 될 때까지 기다렸다가 도전해 멋지게 성공하려고 하지요. 하지만 완벽한 때는 절대 오지 않습니다. 따라서 완벽히 준비하다가는 결코 아무것도 해낼 수 없습니다. 자칫 평생 준비만 하다가 끝날 수 있습니다.

반면, 강한 자기 확신이 있다면 빠르게 행동으로 옮길 수 있습니다. 권투할 때 보면 잽을 여러 번 날리다가 큰 훅을 날립니다. 우리의 실천도 이런 방법이 필요합니다. 바로 '작은 성공'을 여러 번 경험해보는 겁니다. 이를테면 아침에 일어나자마자 이불 개기와 같이 너무 쉽고 간단한 성공 경험을 쌓아가는 거죠. 이런 성공 경험이 쌓이면 '나도 할 수 있겠다!'는 자신감이 생겨 자기 자신을 믿을 수 있게 됩니다.

여러분은 어떠신가요? 여전히 행동으로 옮기기 어려운가요? 다른 사람의 성공을 보면 질투심이 나요? 그렇다면 이 질투심을 연료 삼아 실력을 키워보기를 바랍니다. 그리고 로켓처럼 솟아오르는 거죠. 때로는 너무 힘들고, 내가 가고 있는 길이 맞는지 의심스러울 수 있습니다. 목표를 정확히 바라보고 나아간다면, 우리는 어떠한 어려움이 있더라도 목표에 도달할 수 있습니다. 수많은 경로 수정의 끝에는, 마침내 우리가 상상했던 미래가 기다리고 있을 것입니다.

저는 PDS 다이어리를 쓰고 있습니다. 출시 초기부터 지금까지 꾸준히 써오고 있어요. 한 해를 마무리하고, 새해를 맞이하며 PDS 다이어리에 한 해의 계획을 적습니다. 연내에 이룰 목표, 이걸 이루기 위해 분기별로 이뤄야 할 목표, 분기별 목표를 이루기 위해 해야 할 월별 목표를 쭉 적죠. 이렇게 목표를 적다 보면 제가 올 한 해 얼마나 많이 도전하고, 성취하고, 실패할지 기대가 됩니다.

실패하면 분명 쓰라릴 텐데 기대가 된다니 좀 이상하게 보일 수도 있습니다. 그런데 사람들이 두려워하는 실패는 대부분 자기 능력치를 벗어난 실패입니다. 하지만 내가 통제할 수 있는 범위 안에서의 실패와 넘어짐은 성장을 위해 당연히 겪어야 하는 겁니다. 이렇게 생각하면 우리는 실패를 두려워하는 것이 아니라 오히려 더 작은 실패를 적극적으로 경험하려고 해야 해요.

저는 한결같이 제 목표를 향해 어제보다 한 걸음 더 나아가고 있습니다. 따라서 새해가 되었다고 막 요란하게 무언가를 하거나 하지 않아요. 늘 그래왔듯 묵묵히 딱 한 걸음씩만 더 내디딜 뿐이죠. 혹여 바람이 불거나 비바람이 몰아쳐 잠시 길을 잃더라도 다시 제자리를 찾아가면 그만입니다. 이렇게 그냥 꾸준히만 하면 결국 목표에 도달할 수 있다는 확신이 있거든요. 여러분은 지금 어디를 향해 나아가고 있나요? 오늘, 어제보다 나은 한 걸음을 내딛고 계시나요? 각자의 발걸음과 각자의 방향으로 꾸준히만 나아가시죠! 이것만이 여러분이 원하는 목적지에 도달할 수 있는 유일한 방법일 테니까요.

# 07. 길을 걸으며 길을 만든다

'껄무새'라는 신조어가 있습니다. 주식이나 가상화폐 가격이 급등락할 때 '그때 살걸' '그때 팔걸'이라며 후회하는 사람들을 일컫는 말입니다. 사실 우리는 살아가면서 크고 작은 선택의 순간마다 이런 껄무새가 되곤 합니다. '미리 운동해둘걸' '그때 회사 계속 다닐걸' '쫄지 말고 그냥 해볼걸' '공부 더 열심히 할걸'과 같은 수많은 후회가 우리 삶에 늘 함께하지요.

우리의 삶은 선택의 연속입니다. 어떤 선택을 하든 그것은 우리의 자유지만, 성인이라면 그 책임도 온전히 스스로 져야 합니다. 이러한 책임의 무게가 때로는 너무 무서워서 선택 자체를 미루게 됩니다. 그렇게 미뤄둔 하루가 일주일이, 한 달이, 일 년이 되어 결국 우리 인생이라는 페이지를 채우게 됩니다.

《후회의 재발견》의 저자 다니엘 핑크는 후회가 비록 불쾌한 감정이지만, 더 나은 나를 만드는 과정이라고 강조합니다. 후회라는 감정을 느끼는 것은 괴롭지만, 더 나은 나를 만들기 위해 반드시 겪어야 하는 당연한 감정이기 때문입니다. 그런데 대부분은 의외로 후회하기를 꺼립니다. 후회하는 감정이 괴롭기 때문이지요. 마음속으로는 후회하면서도 겉으로는 애써 쿨한 척 후회하지 않는다고 스스로 속이기도 합니다.

성공한 사람들이 공통으로 강조하는 말이 있습니다. "인생에서 가장 후회되는 것은 우리가 한 일이 아니라, 하지 않은 일들이다." 특히 나이가 들수록 하지 않은 일에 대한 후회가 더 깊어지는데, 이는 새로운 도전을 할 기회가 점점 줄어든다는 것을 체감하기 때문입니다. 그런데도 우리는 왜 행동하기를 주저할까요? 왜 '완벽한 계획'이라는 신기루를 좇으며 출발선에서 망설이게 될까요? 우리는 종종 모든 것이 명확하게 보이는 순간, 실패의 가능성이 제로에 가까워지는 순간을 기다립니다. 하지만 안타깝게도 그런 순간은 절대 오지 않습니다.

토머스 에디슨은 전구를 발명하기까지 천 번이 넘는 실패를 했습니다. 계속 실패만 반복하고 있는 에디슨이 한심해 보여 주변에서 한 소리 하자, 에디슨은 이렇게 대답했습니다.

"나는 실패한 게 아니다. 단지 작동하지 않는 천 가지 방법을 발견했을 뿐이다."

스티브 잡스도 애플을 처음 시작했을 때, 지금 우리가 아는 거대한 기술 제국을 세우려는 계획이 있었던 것이 아닙니다. 그저 부모님의 차고에서 친구와 함께 컴퓨터를 만들기 시작했을 뿐이었지요. 이케아의 창업자 잉바르 캄프라드는 성냥을 팔면서 사업을 시작했고, 점차 제품 범위를 확장해 나갔습니다. 이들의 공통점은 무엇일까요? 그것은 바로 완벽한 청사진이 없었음에도 첫걸음을 내디뎠다는 것입니다. 당시에는 정말 아무것도 확실한 게 없었고 불안한 미래였을 뿐이지만, 일단 한 걸음을 내디뎠고 그 첫걸음이 모든 것의 시작이었습니다.

인생도 이와 같습니다. 우리가 발을 내딛기 전까지는 길이 보이지 않을 때가 많습니다. 페이팔(PayPal)의 공동 창업자이자 링크트인(LinkedIn)의 창업자인 리드 호프만은 "스타트업을 시작하는 것은 언덕에서 뛰어내린 후에 비행기를 조립하는 것과 같다"라고 했습니다. 이는 완벽한 때를 기다리기보다 일단 시작한 후 앞으로 나아가며 배우고, 조정해 나가는 과정의 중요성을 강조하는 말입니다.

90년대 대학 농구선수로 엄청난 유명세를 날렸던 서장훈 선수는 원래 어릴 적 야구선수로 활동했습니다. 그러나 중학교 시절 같은 학교 선수들의 텃세로 인해 다른 학교로 전학을 갈 수밖에 없었습니다. 하지만 전학 간 학교에서 같은 종목인 야구로는 더 이상 활동할 수 없게 되자 울며 겨자 먹기로 시작한 것이 바로 농구였습니다. 비록 키는 컸지만 이제까지 야구만 해왔기에 뒤늦게 시작한 농구에서 처음부터 뛰어난 기량을 보여줄 수는 없었습니다. 심지어 팀 훈련에 참여할 수준도 되지 않아 슈팅, 드리블과 같은 기본기만 연습할 뿐이었죠. 하지만 서장훈 선수는 피나는 연습을 통해 결국 큰 키에 실력까지 겸비한 에이스로 거듭나게 되었습니다.

운동선수들이 슈팅 연습을 하는 이유는 다양한 조건에서도 슛할 수 있는 실력을 쌓기 위함입니다. 슛을 던질 때마다 골이 들어가면 좋겠지만, 현실은 그렇지 않습니다. 슛이 실패하는 것은 당연합니다. 중요한 것은 '실패를 통해 무엇을 배웠는가?'입니다. 슛이 들어가지 않은 이유를 분석하고, 자세를 고치고, 타이밍을 조정하면서 다음번에는 성공 확률을 높이는 것이지요.

실패는 스스로를 되돌아보고 고칠 기회를 줍니다. 그런데도 우리는 실패를 경험하면 종종 주저앉고 싶은 생각이 듭니다. '내가 이렇게 부족한 사람인가?'라는 생각에 도전할 용기를 잃게 될 수도 있습니다. 여기서 기억해야 할 중요한 사실은 실패가 끝이 아니라는 것입니다. 하지만 대부분 사람은 실패를 두려워합니다. 실제로 실패하면 모든 것이 다 무너져 내리는 것만 같고, 꽤 고통스러운 시간을 보냅니다. 그뿐만 아니라 실패했던 경험들이 정말 쓸모없게 느껴질 수도 있습니다. 하지만 '헤맨 만큼 내 땅'이라는 말처럼 내가 헤맨 경험과 시간은 절대 헛되지 않고 내 안에 차곡차곡 쌓이게 됩니다.

80년대 유명 코미디언이었던 이봉원 씨는 술집, 카페, 삼계탕집, 고깃집 등 총 일곱 번의 사업을 하며 무려 7억 원이라는 빚을 지기도 했습니다. 벌이는 사업마다 계속 망하니 사람들은 이제 사업을 그만하라고 말리기도 했죠. 하지만 이봉원 씨는 "나는 이렇게 하면 망한다는 걸 배웠을 뿐"이라며 직접 해보고 망해 보지도 않았으면서 훈수를 두는 주변 사람들에게 일침을 가하기도 했습니다.

말이 7억 원이지 주택담보대출도 아니고 순수하게 7억 원이라는 빚을 지고 있다면 하루하루가 얼마나 고통스러울지 상상하기 어렵습니다. 다행히 지금 하는 짬뽕집은 잘 되고 있다고 합니다. 아마

이봉원 씨가 지난 7번의 사업 실패를 경험하지 않았다면, 지금의 짬뽕집은 존재하지 않았을 것입니다.

성공을 향해 가는 길은 깔끔하게 포장된 고속도로가 아니라 질척거리는 진창에 구덩이, 바위, 심지어 낭떠러지와 절벽으로 되어 있습니다. 누군가는 진창에 빠져 온몸이 진흙과 오물투성이가 되어 허우적대는 내 모습을 보고 손가락질하기도 합니다. 하지만 괜찮습니다. 우린 성공을 향해 가는 과정에 당연히 겪어야 하는 고난을 겪고 있을 뿐이니까요. 성공을 향해 가는 길에는 수많은 실패와 좌절과 눈물이 가득할 수밖에 없습니다. 이러한 고난이 두렵다고 안전한 곳에 머물러서는 절대 '성공'이라는 목적지에 도착할 수 없어요.

설령 실패를 여러 번 반복해서 겪게 되더라도 포기하지 않고 다시 일어난다면, 또 한 번의 기회가 주어집니다. 실패를 통해 무엇이 잘못되었는지 알아가고, 이를 개선해 나가는 과정에서 우리는 점점 성장하게 됩니다. 같은 실수를 반복하지만 않으면 됩니다.

사람들은 낯선 환경을 두려워합니다. 낯설어서 실수할 수 있기 때문이죠. 특히 외국에 가서도 낯선 음식은 잘 주문하지 않습니다. 미리 조사해 간 유명 식당에 가거나 한국인들 입맛에 맞는 음식을 기어코 찾아서 먹기 마련입니다.

왜 그럴까요? 혹시라도 입맛에 안 맞을까 봐 그렇습니다. 혹여 입맛에 안 맞으면 무슨 일이 생길까요? 그저 '아, 다음부터 이 음식은 시키면 안 되겠구나'라는 것 외에는 큰일이 나지 않습니다. 정

못 먹겠으면 다른 걸 하나 더 시키면 되고, 얼마나 입맛에 안 맞았는지 나중에 두고두고 이야깃거리가 생기니 꼭 나쁜 일만도 아닙니다. 이런 실패의 경험이 계속 쌓이면 어느 유명 여행 크리에이터처럼 전 세계 어디에 던져놔도 먹고 살 수 있는 노하우가 생기게 됩니다.

인생은 '길을 걸으며 길을 만드는 여정'입니다. 일단 앞으로 한 걸음 내디뎌보세요. 실패를 두려워하지 마세요. 실패와 후회는 더 나은 길을 찾기 위한 표지판입니다. 그러니 완벽한 순간을 기다리기보다는 지금 당장 내가 할 수 있는 작은 일부터 시작해봅시다. 후회와 실패가 두려워 아무것도 하지 않는 삶보다는 작더라도 끊임없이 움직이며 배우는 삶이 훨씬 가치 있으니까요.

**결국 해내는 사람은**

**무엇이 다른가**

## 2장

# 힘들게 도전해도 금방 포기하는 이유

01. WHY 없이 살아가는 삶의 함정

02. 목표와 WHY를 연결하는 법

03. 끈기를 가로막는 내면의 장벽

04. 주저앉고 싶을 때 꺼내보는 질문들

05. 꿈을 이어가는 열쇠는 무엇인가

06. 나를 믿는 법부터 다시 배워야 한다

07. 멈추지 않는 한 실패는 없다

WHY와 자기 믿음이 없다면
도전은 지속될 수 없다.

## 01. WHY 없이 살아가는 삶의 함정

캠핑의 묘미 중 하나는 바로 '캠프파이어'라고 할 수 있습니다. 깜깜한 밤, 모닥불을 피워놓고 불멍을 하고 있으면 이보다 더 낭만적일 수는 없죠. 모닥불에 불을 붙이기 위해서는 불쏘시개가 있어야 하는데요. 이는 장작에 불을 붙인다고 해도 불이 바로 붙지 않기 때문입니다. 불쏘시개로 기름을 머금고 있는 착화제를 쓰기도 하지만, 가장 일반적으로 쓰이는 것은 '마른 낙엽'입니다.

장작에 불을 붙이기 위해서는 먼저 공기가 잘 통하도록 장작을 쌓은 후 장작 사이에 낙엽을 넣고 불을 붙여줍니다. 이러면 낙엽이 타는 동안 내는 열에너지가 장작 온도를 발화점까지 끌어올리고, 발화점에 도달한 장작은 비로소 불이 붙으며 본격적인 불멍을 할 수 있게 되는 거지요.

이제까지 살아오며 초반에는 열정이 불타올랐지만 얼마 가지 않아 이내 식어버리는 경험을 한두 번쯤은 다 해봤을 겁니다. 도대체 왜 처음엔 호기롭게 시작했음에도 불구하고 얼마 가지 않아 열정이 사그라지는 걸까요? 그건 바로 '이걸 왜 하는지'에 대한 답을 스스로 내리지 못하기 때문입니다. 많은 사람은 진짜 자기 내면의 목소리에 귀 기울이기보다 남들이 좋다고 하는 것에 쉽게 휩쓸려 움직입니다. 하지만 이건 진짜 내가 원한 것이 아니기 때문에 이걸 해내기 위해 반드시 마주할 수밖에 없는 역경 앞에서 주저앉고 마는 거죠.

취준생들이 많이 선호하는 대기업이나 공기업에 들어가려면 실제로 어느 정도의 스펙이 필요한지 제게 물어보는 대학생들이 종종 있습니다. 저는 제가 다니던 공기업에 입사하는 신입사원들의 실제 스펙을 꾸준히 확인해 왔기에 입사에 필요한 수준이 어느 정도인지 잘 알고 있습니다. 그렇다면 제게 질문하는 학생들에게 그 스펙을 말해줄까요?

저는 오히려 그 학생들에게 "거기 왜 들어가려고 해요?"라고 되묻습니다. 이 질문에 학생들은 대개 "공무원보다는 보수가 괜찮고, 안정적이고, 경쟁이 덜 하고…"라고 답을 합니다. 그러면 저는 다시 묻습니다. "아니, 그런 거 말고, ○○씨 인생에 공기업이 어떤 도움이 되는지, 어떤 의미가 있는지 말이에요." 이렇게 물으면 대부분 대답을 못 합니다. 그럼 저는 이렇게 말해줍니다. "○○씨, 오늘부터 집에 가서 자기 자신에게 물어봐요. 여기 왜 가려고 하는지 말이에요. 손으로 질문을 써보고, 답을 써보세요. 그리고 그 답에 다시 왜 그런지를 계속 물어보고 답해보세요. 그렇게 일주일 동안 자신에게 물어본 뒤 다시 제게 오세요."

용기 내어 제게 물어본 학생에게 저는 왜 이렇게 이야기했을까요? 가르쳐 주기 귀찮아서 그랬을까요? 아닙니다. 그건 바로 자신이 왜 거기에 입사하고 싶은지 스스로 답을 할 수 있어야만 목표를 향해 끝까지 나아갈 수 있기 때문입니다. 취업 통계에 따르면 많은 사람이 가고 싶어 하는 대기업, 공기업은 전체 취업자 중 약 10~15% 남짓이고, 입사 경쟁률은 낮게는 수백 대 일에서, 높게는 수천 대 일의 경쟁률을 보입니다. 물론 지원자의 대부분은 허수이기에 이곳에 입사할 정도의 수준을 갖추고 있다면 경쟁률과 상관없이 얼마든지 들어갈 수 있습니다.

다만, 그 결과를 얻기 위해 거쳐야 할 과정에서 분명 역경을 마주하게 되고, 이걸 넘어서기 위해서는 단단한 마인드셋이 필요합니다. 하지만 '나도 한 번 해볼까?'라는 생각으로는 역경을 넘어서기가 매우 어렵습니다. 그래서 수많은 사람이 호기롭게 시작했지만, 중간에 포기하는 거예요. 따라서 저는 그 꿈을 위해 필요한 노력을 할 준비가 되어 있는지를 스스로에게 물어보라는 의미에서 '왜 가려고 하는지'를 물어봤던 겁니다.

텀블러에 물을 담기 위해서 가장 먼저 해야 할 것이 바로 텀블러의 뚜껑을 여는 것입니다. 뚜껑을 열면 텀블러 안에 물을 쉽게 담을 수 있습니다. 하지만 사람들은 뚜껑을 열 생각은 하지 않고 텀블러에 물이 잘 담기지 않는다며, 더 센 물줄기만을 찾아다니곤 합니다. 순서가 잘못되었습니다. 센 물줄기를 찾는 것이 아니라 일단 뚜껑을 열어야 합니다. 그리고 그 뚜껑은 남이 아닌 자기 자신만이 열 수 있습니다. 이렇게 뚜껑을 여는 것이 바로 내 안의 'WHY'를 찾는 것입니다.

저는 강의할 때 첫 시간부터 대학생들에게 자기소개서를 써 보라는 과제를 내줍니다. 첫 시간부터 과제를 내주다니, 정말 이런 악덕 교수도 없을 겁니다. 심지어 수강하는 과목과 전혀 동떨어진 듯한 내용의 과제를 내주다 보니 학생들이 굉장히 의아해했습니다. 그런데도 제가 교과 내용과 전혀 상관없어 보이는 자소서를 써보라고 한 것은 스스로 이 공부를 왜 하는 건지, 무엇을 좋아하고 무엇을 잘하는지, 그래서 앞으로 어떤 방향으로 나아갈 것인지를 스스로 돌아보라는 의미였습니다. 이 공부를 왜 하는지 스스로 답을 하지 못하면 아무리 좋은 정보가 쏟아져 들어와도 결코 그걸 받아낼 수 없기 때문입니다.

저는 전공과목 강의 중간고사에서 1번 문제로 "이 과목을 배우는 이유에 관해 설명하시오"라는 문제를 냅니다. 채점이 끝난 후 1번 문제 점수와 전체 점수 간의 상관관계 분석을 해보면 참 신기한 결과가 나옵니다. 놀랍게도 이 공부를 왜 하는지 명확히 답을 한 학생들은 총점도 높았고, 이 공부를 왜 하는지 명확하게 답하지 못한 학생은 총점도 낮게 나왔습니다. 강의 때마다 약간의 편차는 있지만, 이 상관관계 추세는 큰 차이는 없습니다. 이게 바로 이 과목을 '왜' 배우는지 정확히 알고 공부하는 학생과 그렇지 않은 학생의 차이입니다.

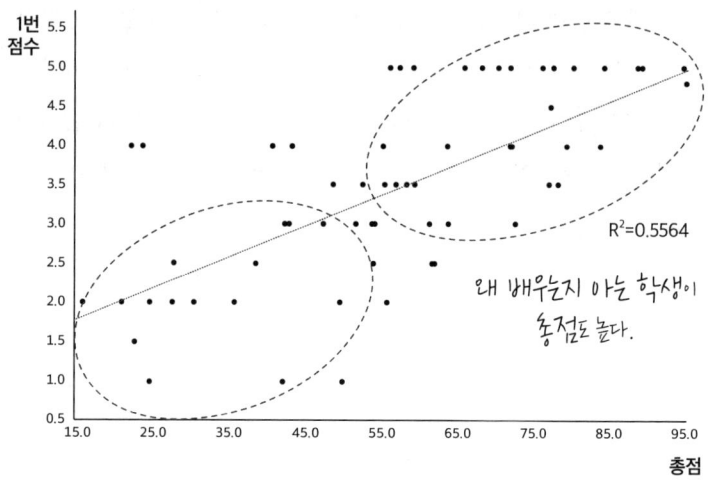

　내가 이걸 왜 하는지 명확히 답을 내릴 수 있다면, 어느 방향으로 뛰어야 하는지 명확히 바라볼 수 있습니다. 얼마나 남았는지 알기에 처음부터 전력 질주하지 않고 체력 안배를 하며 오랫동안 달려 나갈 수 있으며, 어디에 어떤 장애물이 있을지 볼 수 있기에 실제로 장애물이 나타나도 당황하지 않을 수 있죠.

　우리 모두 각자 이루고 싶은 꿈이 마음속에 하나씩 있을 겁니다. 그렇다면 그 꿈을 왜 이루고 싶은지 스스로에게 물어보시기를 바랍니다. 그게 내가 진짜 이루고 싶은 꿈인지, 아니면 남들 보기에 좋아 보여서 갖게 된 꿈인지도 명확히 바라보시기를 바랍니다. 내 마음속의 'WHY'에 답을 할 수 없다면, 바람 따라 이리저리 흔들리는 나뭇가지처럼 얼마 가지 못해 목표를 잃고 흔들리게 될 겁니다. 반면, 이 질문에 명확하게 답을 할 수 있다면 여러분들은 그 어떤 어려움이 있더라도 자신의 꿈을 향해 묵묵히 나아갈 수 있을 것입니다.

## 02. 목표와 WHY를 연결하는 법

"이 과제 성적에 들어가나요?"

강의 첫 시간에 내어준 자기소개서 써 보기 과제 그리고 뒤이어 내어준 이키가이(IKIGAI) 써 보기 과제에 대해 피드백과 함께 돌려주는데, 한 학생이 불만에 찬 목소리로 제게 물어봅니다.

제가 당연히 성적에 들어간다고 말하자, 전공과목과 상관도 없는 과제가 왜 성적에 들어가느냐며 제게 추궁하듯 되물었습니다. 물론 제게 고맙다고, 덕분에 자신의 미래에 대해 진지하게 생각해보게 되었다며 감사의 말을 전하는 학생들도 여럿 있지만, 이처럼 불만을 가진 학생들도 있습니다. 하지만 저는 이 질문을 받고 마음이 아주 불편했습니다.

저는 업무적으로나 개인적으로나 정말 다양한 부류의 사람들을 만납니다. 이런 분들이 각각의 분야에서 어떤 일을 하고 또 어떤 생각을 하며 지내는지, 어떤 어려움들이 있는지 등을 많이 관찰하고 또 그분들께 많이 물어봅니다. 그러면서 저는 '학생들이 이걸 왜 배워야 할까?' '어떻게 해야 스스로 이 공부를 해나가도록 할까?' '어떤 배움을 얻어 가야 이 학생들이 사회에 나가서 주도적인 삶을 살 수 있을까?'라는 생각을 합니다.

제가 맡은 전공 강의를 준비하며 어떻게 해야 학생들에게 이 과목에서 배워야 할 것들을 잘 전달할 수 있을지 다양한 강의 방식을 구상했습니다. '그래도 공대 전공과목인데, 시험 세 번은 봐야 하지 않을까?' '매시간 연습문제 과제를 내줘야 학생들이 내용을 이해할 텐데?' '매시간 퀴즈를 내야 학생들이 수업 내용을 잘 따라오지 않을까?'

그런데도 저는 학생들 스스로 'WHY'를 찾을 수 있도록 하는 것이 먼저라고 생각했습니다. 제가 이렇게 강의할 줄 몰라서 안 하는 것이 아닙니다. 소위 말해 얼마든지 '빡세게' 강의를 진행할 수도 있죠. 하지만 이렇게 한들 학생들이 마음속에 스스로 '이거 도대체 왜 배우지?'라는 질문에 답하지 못한다면 매주 과제하고, 시험공부하고, 강의 들으며 정신없이 흘러가는 한 학기가 정말 지옥 같을 것입니다.

반면, 학생들이 이 공부를 왜 해야 하는지를 깨닫고, '이거 내 미래를 위해 진짜 필요한 거지! 내가 이 과목 한 번 끝장을 내보겠어!'라고 마음먹으면 제가 아무리 빡세게 강의해도 어떻게 해서든 따라오게 되지요. 이는 마치 이솝 우화에 나오는 '해님과 구름'과 비슷한 원리입니다. 나그네가 외투를 벗도록 하기 위해서는 바람을 세차게 불어대는 것이 아니라 따스한 햇볕을 내리쬐어 스스로 외투를 벗도록 해야 하기 때문이죠. 그래서 저는 강의 시간에 학생들에게 "도대체 왜?"라는 질문을 많이 던집니다.

강의 첫 시간에 학생들에게 내준 자기소개서 써 보기 과제를 검토하면서, 저는 많은 학생이 꿈을 잃은 채 방황하고 있다는 것을 느낄 수 있었습니다. 아마도 학생들은 이제까지 "넌 딴 거 생각하지 말고, 공부만 열심히 해!" "대학만 가면 다 되니까 어떻게 해서든 좋은 대학 가야지" "안정적인 직장 들어가서 남부럽지 않은 삶을 살아야지"라는 말을 들으며 성장해왔을 겁니다.

하지만 왜 공부를 열심히 해야 하는지, 왜 좋은 대학을 가야 하는지, 그리고 왜 안정적인 직장에 가야 하는지 진지하게 생각해 본 적은 거의 없을 겁니다. 이처럼 한 번도 생각해 본 적도 없고, 그 누구도 가르쳐 준 적이 없는데, 뜬금없이 전공과목 강의에서 "지금 여러분들은 도대체 어딜 향해 가고 있는 건가요?" "여러분 인생 목표가 뭔가요?"라고 물어보고 자소서를 써 오라고 하니 학생들도 답답함을 느꼈겠지요.

대부분 대학생은 성인입니다. 하지만 법적으로 성인이 되었다고 해서 갑자기 뿅~! 하고 성인이 되지는 않습니다. 성인이라는 건 자신의 선택과 행동에 온전히 책임을 져야만 함에도 안타깝게도 우리 사회는 이렇게 홀로서기 연습을 할 수 있는 기회가 거의 없습니다. 오히려 졸업과 취업을 앞둔 인생의 결정적인 순간을 마주했을 때 "네가 알아서 해라"라는 식으로 던져버리는 경우가 대부분입니다. 당연히 엄청난 시행착오를 겪게 되죠.

저는 학생들이 이대로라면 어떤 시행착오를 겪게 될지 뻔히 보이기에 그 시행착오를 조금이나마 줄여보기 위해 시도를 했던 것입니다. 이제 학생들은 부모님의 품에서 벗어나 스스로 날개를 펼치고 세상이라는 넓은 하늘로 나아가야 합니다. 옆에서 조언해줄 수는 있지만 스스로 날개를 펴 날갯짓하는 건 자신만이 할 수 있으니까요.

그래서 저는 학생들에게 이키가이를 해보라고 한 것입니다. 이키가이는 살아가는 가치를 찾기 위한 방법 중 하나입니다. 자신이 좋아하는 것, 잘하는 것, 돈이 되는 것, 세상이 필요로 하는 것을 각각 생각나는 대로 쭉 써보면 자기에 대해 제대로 알 수 있고, 인생의 방향을 찾을 수 있습니다. 예를 들어 직업을 구할 때도 남들이 좋다고 하는 그런 직업 말고 진짜 자신이 잘하면서 돈도 되는 것을 찾을 수 있지요.

사람들은 자기 자신에 대해 잘 안다고 하지만, 실제로 이키가이를 해보면 내가 나에 대해 잘 모르고 있다는 것을 알게 됩니다. 그럴 수밖에 없는 것이 대부분의 사람은 내가 진짜 잘하고 좋아하며, 세상에서 필요로 하고 돈도 되는 것을 하지 않기 때문입니다. 그저 남들 보기에 좋아 보이는 것을 할 뿐이죠. 이런 삶은 진짜 내가 원하는 삶이 아닙니다. 내가 원해서 한 것이 아니기 때문에 성취하더라도 허망함과 허탈감밖에 느끼지 못하죠. 그래서 남들이 부러워하는 대학에 들어가서 방황하고, 남들은 못 들어가서 안달인 회사에 들어가서도 현실을 깨닫게 돼서 자기 스스로 그만두는 것입니다.

저는 학생들에게 자소서 과제를 내주면서 대학 졸업 전까지의 계획과 졸업 후의 계획에 대해서도 물어봤습니다. 몇몇 학생이 "졸업 후 취업 준비하고 있을 거 같다"라고 썼어요. 물론 요즘은 취업이 쉽지 않기에 실제로 졸업 후 대부분 취업 준비하고 있을 가능성이 높습니다. 그렇다고 해서 시작부터 이러면 정말 곤란합니다. 어떻게 해야 졸업 전에 취업할 건지 방법을 찾아 최선을 다해야 해요. 그래야만 설령 졸업 전 취업이 안 되더라도 취업 준비 기간을 최소화해서 취업하니까요.

2024년 파리 올림픽에서 우리나라 양궁 대표 팀은 여러 개의 금메달을 획득했습니다. 한편, 함께 출전한 아프리카 차드에서 온 '이스라엘 마다예' 선수는 한국 선수들이 연달아 10점을 맞출 때 1점을 맞춰 중계 위원들과 시청자들을 당황하게 했죠. 하지만 별다른 지원 없이 굉장히 열악한 조건에서 열심히 노력해서 올라왔다는 사실이 알려져 많은 사람이 결과에 상관없이 응원을 보내주었습니다. 마다예 선수는 분명 10점을 조준하고 쐈을 테지만, 제대로 훈련받지 못해 화살이 꽂힌 위치는 1점이었죠.

이처럼 제대로 준비가 안 되어 있으면, 10점을 조준했음에도 불구하고 1점을 쏘기도 합니다. 그런데 시작부터 1점을 조준하고 있으면 과녁 안에 화살이 꽂히기조차 어려울 것입니다.

각자 원하는 목표를 이루기 위해서는 자신이 어디를 향하고 있는지 그 목표가 명확해야 합니다. 그리고 그 목표를 왜 이루려는지 자신만의 'WHY'가 확고해야 하지요. 이 두 가지가 확실해야 목표를 이루는 과정에서 반드시 만나게 될 장애물을 넘어설 수 있는 동력이 생기고, 끝까지 완주할 수 있는 것입니다. 이게 없으면 매우 높은 확률로 얼마 가지 않아 '내가 도대체 왜 이러고 있나?'라는 생각이 들며 결국 또 주저앉게 될 테니까요.

그러니 남들에게 좋아 보이는 그런 목표 말고 이키가이를 해보면서 자기 자신과 끊임없이 대화하며 무엇을 하고 싶은지, 그걸 왜 원하는지 솔직하게 알아가시기를 바랍니다.

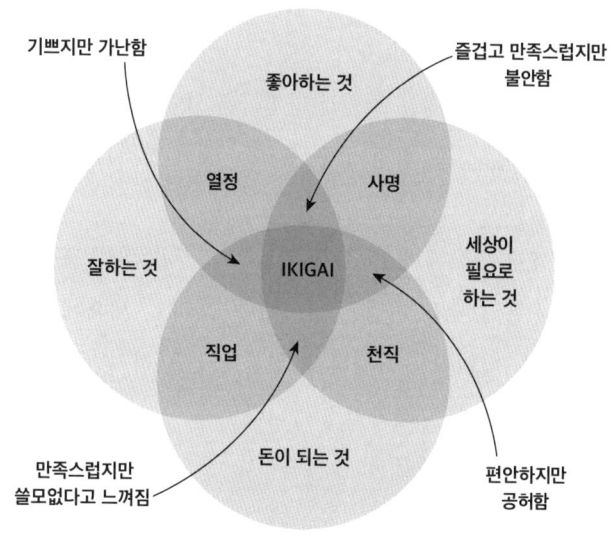

**이키가이 벤다이어그램**

## 03. 끈기를 가로막는 내면의 장벽

 매년 새해가 되면 사람들은 산 정상에 오르거나 바닷가에 가서 장엄하게 떠오르는 새해 첫 태양을 바라보며 각자 마음속의 소원을 빌거나 새해에 달라진 자기 모습을 상상하며 깊은 다짐을 하곤 합니다. 간절하게 바라는 소원과 다짐들은 사람마다 제각각이지만, 대개 건강, 사업 성공, 취업 성공, 원하는 대학 합격과 같은 것이겠지요.
 운동을 예로 들어볼까요? 체중 감량과 건강을 위해 운동이 필요하다는 사실을 모르는 사람은 없습니다. 그래서 '새해에는 헬스를 하겠다' '아침 달리기를 하겠다'와 같은 다짐을 하지만 안타깝게도 이런 다짐은 그다지 오래가지 않습니다.
 저는 매일 아침 수영을 하고 있습니다. 오랫동안 수영을 하다 보면 재밌는 특징을 발견할 수 있는데, 그건 바로 수영 강좌가 시작되는 매월 초에는 수영장 레인이 수강생으로 북적북적하지만, 얼마 가지 않아 대부분 수강생은 사라지고 늘 소수만 남는다는 겁니다. 그리고 이런 패턴은 매월 반복되지요. 도대체 왜 이럴까요? 의지가 부족해서일까요, 아니면 새해에 빌었던 다짐이 부족해서일까요?

저는 한때 완벽을 추구하는 사람이었습니다. 그래서 일할 때도 완벽하게 하기 위해 정말 최선을 다했습니다. 하지만 이렇게 완벽히 하다 보니 부작용이 생겼습니다. 그건 바로 완벽하게 할 수 없을 것 같으면 뒤로 미루는 거였습니다. 가장 대표적인 예가 정리입니다. 자신의 책상이나 방을 언제나 완벽한 상태로 깔끔하게 유지하는 사람은 거의 없습니다. 물론 깔끔하게 정리하고 싶은 마음도 듭니다. 하지만 그렇게 하기엔 너무나도 많은 시간과 노력이 필요하기 때문에 엄두가 나지 않습니다. 결국 그렇게 많은 에너지를 쓰고 싶은 마음이 들지 않기에 뒤로 미루게 되는 겁니다.

운동도 마찬가지입니다. 마음은 하루도 빠지지 않고 제시간에 정해진 양의 운동을 하고 건강한 몸을 유지하고 싶지만, 현실은 아침에 일어나 옷을 입고 신발을 신기까지가 제일 힘듭니다. 컨디션이 좋지 않아 오늘은 건너뛰고 싶은 마음도 들고, 이불 속에서 딱 5분만 더 자고 싶은 생각이 간절해집니다. 그러다 보면 운동 시간에 조금 늦게 되고, 정시에 운동하러 가지 못하게 되니 아예 그날은 운동을 안 하게 되는 거죠.

이처럼 모든 것을 완벽하게 하려는 마음이 우리가 무언가를 끈기 있게 해나가는데 가장 큰 장애물로 작용하게 됩니다. 《그릿(Grit)》의 저자 앤절라 더크워스는 성공한 사람들의 공통점은 끈기라고 합니다. 성공을 향해 나아가는 과정에 실패를 겪더라도 굴하지 않고 한 걸음씩 계속 나아가는 것, 이것이 바로 끈기의 비결입니다. 이불 속에서 5분만 더 자고 싶은 생각에 잠시 눈을 붙였다가 30분을 더 잤더라도 운동화를 신고 일단 나가야 합니다. 헬스장에 가서 얼굴도장만 찍고 오는 한이 있더라도 일단은 가야 합니다. 비록 오늘 해야 할 운동량은 채우지 못했더라도 일단 헬스장에 간 것만으로도 이미 성공한 것이기 때문입니다.

어릴 적 바닷가에서 모래성을 쌓으며 놀아본 경험이 다들 한 번씩은 있으실 겁니다. 살짝 젖어 있는 모래사장의 모래를 파서 성벽을 만들어 올리다 보면 어느새 구덩이에 물이 고이기 시작하는 것을 볼 수 있습니다. 이건 주변의 모래 사이에 스며들어 있던 물이 배어 나오는 건데요. 우리는 바로 여기서 사람들이 매번 굳은 다짐과 결심을 하지만 얼마 가지 않아 흐지부지되는 원인의 단서를 찾을 수 있습니다.

물은 높은 곳에서 낮은 곳으로 흐릅니다. 공돌이답게 표현하자면, 압력이 높은 곳에서 낮은 곳으로 흐르죠. 이 압력 덕분에 물은 흘러가는 중간에 장애물이 있더라도 그걸 넘어가던지, 돌아가던지, 아니면 틈새로 새어 나가든지 해서 어떻게든 낮은 곳으로 흘러갑니다. 이런 현상은 홍수가 났을 때도 명확히 볼 수 있습니다. 엄청난 폭우로 하천이 제방을 넘어 범람하게 되면 강물은 그 일대를 휩쓸며 낮은 지대로 흘러가 고이니까요. 중간에 건물이 있건, 둔덕이 있건 상관하지 않고 어떻게든 갈 길을 찾아 중력의 힘으로 아래로, 아래로 흘러가 고입니다.

반면 물을 낮은 곳에서 높은 곳으로 퍼 올리기 위해서는 굉장한 노력이 필요합니다. 만약 아파트에 단수가 되어 마트에서 사 온 2리터짜리 생수 6개 묶음을 계단으로 1층에서 20층까지 올린다고 생각해보세요. 아마 5층만 올라와도 떨어져 나갈 것만 같은 팔과 후들거리는 다리를 부여잡고 숨을 헐떡이게 될 테죠.

이 두 방법의 차이가 바로 우리가 끈기 있게 무언가를 해낼 수 있는지를 가르는 결정적인 차이라고 볼 수 있습니다. 대부분은 이걸 왜 하려는지, 스스로에게 질문을 던지지 않고 그냥 열심히만 하려고 합니다. 이런 방식은 생수병을 아파트 1층에서 20층까지 들고 올라가는 것 같습니다. 2, 3층까지는 호기롭게 들고 올라가지만, 조금만 지나도 힘이 들어 주저앉게 됩니다. 너무 힘들거든요. 물을 20층 집까지 올려야 된다는 사실도 알지만, 지금 너무 힘들기 때문에 다른 방법은 없는지 궁리하기 시작해요. 결국 '꼭 물을 마셔야 하는 건 아니잖아? 곧 물이 나올 텐데 그때까지 집에 남아 있는 콜라로 마시며 버티지 뭐'라고 자기 위안을 하며 포기하게 됩니다. 이게 바로 호기롭게 새해에 운동을 시작했지만 얼마 가지 않아 운동을 그만두게 되는 전형적인 생각의 흐름입니다.

반면 이걸 왜 하는지 스스로 답을 찾는 사람은 물을 모으기 위해 구덩이를 파는 사람입니다. 얼핏 보면 구덩이를 파는 모습이 멍청해 보일 수도 있습니다. 하지만 주변의 비웃음에도 아랑곳하지 않고 구덩이를 파고 나면, 내가 굳이 힘을 들이지 않아도 구덩이로 물이 흘러들어옵니다. 심지어 그 물을 퍼내서 써도 이내 다시 물이 고이게 되죠. 결국 내 안의 WHY를 찾게 되면 물이 구덩이로 자연스럽게 흘러들어오듯 원하는 목표를 향해 자연스럽게 가게 됩니다. 내가 굳이 힘을 들이지 않아도 되지요. 심지어 내 앞길을 가로막는 장애물을 만나더라도 결코 끈기를 잃지 않고 목표를 향해 나아갈 수 있게 됩니다.

유일하게 힘을 들여야 할 때는 스스로 '이걸 왜 하지?'라는 질문을 던지고, 그에 대한 답을 찾아가는 과정뿐입니다. 하지만 대부분은 이 중요한 과정을 애서 무시합니다. 지금 당장 효과가 보이지도 않고, 일반적이지도 않기에 굉장히 불필요해 보이니까요. 에이브러햄 링컨은 "내게 나무를 베는데 한 시간이 주어진다면, 도끼를 가는데 45분을 쓰겠다"라고 했습니다. 이는 무딘 도끼날로 그저 열심히만 할 것이 아니라 효율적으로 하는 것의 중요성을 강조한 말입니다.

실제로 지금 눈앞에 베어야 할 나무들이 한가득인데 한가롭게 앉아 도끼날을 갈고 있으면 열심히 도끼질하는 사람이 보기에 한심해 보일 수 있습니다. 그러나 의지만으로는 열심히 할 수 없습니다. 대신 원하는 목표를 이루기 위해서는 그렇게 될 수밖에 없는 환경을 만들어야 하지요. 그런데도 대부분은 도끼날을 갈 생각을 하지 않고 무딘 날로 그저 열심히 나무를 내리찍으려고 합니다. 무딘 도끼날로는 제아무리 열심히 내리쳐도 나무가 패이지 않는데도 말입니다. 심지어는 도끼로 나무 몸통을 찍는 것이 아니라 애꿎은 잔가지만 쳐내는 경우도 있죠. 너무나 안타까운 모습들입니다.

《몰입의 즐거움》 저자 미하이 칙센트미하이 박사는 몰입의 경험

자체가 즐거움이 되기에 몰입의 즐거움을 경험한 사람은 다시 몰입하는 욕구가 생겨 선순환이 이뤄진다고 했습니다. 이는 마치 게임을 했을 때 미션을 클리어해 본 짜릿함을 경험한 사람이 또다시 게임에 몰입하는 것과 정확히 같은 원리입니다. 반면 아무리 노력해도 게임 미션을 통과하지 못하면 이내 흥미를 잃고 다른 게임을 찾게 되지요.

결국 우리는 내가 이루고자 하는 목표에 왜 집중을 못 하는지 근본적인 원인을 찾아 해결해야 합니다. 이걸 해결하지 않고서는 콩쥐가 밑 빠진 독에 물을 붓는 것처럼 제아무리 열심히 물을 채워 넣으려고 안간힘을 써도 결코 물을 가득 채울 수 없습니다. 니르 이얄은 자신의 저서 《초집중》(니르 이얄, 줄리 리 지음)에서 집중을 방해하는 것은 크게 동기, 시간 관리와 같은 내부 계기와 사람, 이메일, 스마트폰과 같은 외부 계기가 있다고 합니다.

우리가 운동을 지속하지 못하는 것은 운동을 왜 하려는지 스스로 내적 동기를 찾지 못했거나, 내적 동기는 있지만, 추운 날씨, 미세먼지와 같은 외적 요소가 실행을 방해하기 때문입니다. 저는 이 중에서 실행을 지속할 수 있는 가장 큰 요소는 내적 동기라고 생각해요. 왜냐하면 운동하려는 강한 내적 동기가 있다면 외적 동기는 의외로 쉽게 이겨낼 수 있기 때문이죠.

성공을 향해 가는 데 필요한 것은 실패를 두려워하지 않고 끈기를 가지고 꾸준히 앞으로 나아가는 것입니다. 내가 비록 뛰어난 재능을 타고나지 못했더라도 그게 나의 한계를 정하는 것은 아닙니다. 나에게 한계를 정하는 것은 세상이 아니라 나 자신뿐입니다. 그러니 자신이 원하는 삶, 원하는 모습을 향해 꾸준히 앞으로 나아가시기를 바랍니다. 이러한 끈기만이 여러분이 원하는 정상에 올라서게 할 테니까요.

## 04. 주저앉고 싶을 때 꺼내보는 질문들

　우리나라의 1톤 소형트럭 시장은 현대, 기아자동차에서 판매 중인 포터와 봉고가 완벽하게 장악하고 있습니다. 한편, 90년대 말 야심 차게 현대, 기아자동차의 아성에 도전한 차가 있었습니다. 지금은 없어진 회사인 '삼성자동차'에서 출시한 '야무진'이라는 트럭이었죠.

　요즘은 우리나라 자동차 기술이 굉장히 좋아져서 해외시장에서도 꽤 호평받고 있지만, 당시에는 여러모로 부족함이 많았습니다. 그래서 삼성자동차는 일본 자동차 기술을 거의 그대로 들여와 품질로 대결하는 전략을 폈습니다. SM5가 그 대표적인 예로, 30년 가까운 세월이 지난 현재까지도 초기 모델이 멀쩡히 굴러다니는 것을 가끔 볼 수 있죠. 삼성자동차는 이런 품질을 무기로 포터, 봉고가 장악하고 있는 견고한 시장을 무너뜨릴 수 있을 거로 생각했습니다.

　그런데 여기서 생각지도 못한 변수가 나타났습니다. 바로 '과적'이었습니다. 가끔 중국, 인도, 파키스탄에서 트럭 적재량을 훨씬 뛰어넘는 엄청난 양의 짐을 싣고 가는 사진을 볼 수 있는데, 당시 우리나라도 과적이 만연해 있었습니다. 따라서 분명 1톤 트럭인데 그 적재량의 심지어 몇 배의 짐을 싣고 다니는 게 일상이었죠.

삼성자동차의 품질을 믿고 야무진을 구매한 사용자들은 이제까지 늘 그래왔듯 적재량의 몇 배에 달하는 짐을 실었습니다. 그런데 이게 어찌 된 일입니까? 평소 싣던 대로 실었을 뿐인데, 차체가 휘며 주저앉고, 바퀴 축이 뒤틀리는 겁니다. 그렇습니다. 삼성자동차는 너무 정직하게 1톤 적재 용량에 맞춰 트럭을 설계해서 차를 만든 거였죠. 당연히 소비자들에게 외면받기 시작했고 소형트럭 시장에서 처참한 실패를 맛보게 됩니다. 결국 출시된 지 2년 만에 단종되며 역사 속으로 사라진 추억의 트럭, 어쩌면 누군가는 이런 차가 있었는지조차 모르는 차종이 되었습니다.

반면, 우리나라 소형트럭의 단단함은 국내시장을 넘어 외국으로도 유명세를 타고 있습니다. 오죽하면 중동 무장 단체들이 우리나라에서 수출한 중고 소형트럭에 기관포나 대공포를 설치하고, 심지어 다연장 로켓포를 설치해 운용하는 사진들을 쉽게 찾아볼 수 있어요. 이는 중화기를 싣고도 험로를 주파할 수 있는 강인한 엔진과 무기 발사 시 생기는 엄청난 반동을 버틸 만큼의 견고한 차체가 있었기에 가능한 일이었죠.

우리의 삶도 이와 비슷합니다. 살다 보면 힘든 일을 겪거나, 하는 일이 너무 벅차서 괴로움을 느낄 때가 있습니다. 하지만 이는 결국 그 어려움을 이겨내기에 내 역량이 아직 부족하다는 의미입니다. '나'라는 사람이 1톤 트럭의 적재함을 가지고 있더라도, 2톤을 버텨낼 수 있는 강인한 차체와 엔진이 있다면 문제가 되지 않습니다. 반대로 0.5톤밖에 견디지 못한다면 1톤도 실을 수 없습니다.

우리가 '힘들다'라고 느끼는 것은 사실 절대적인 것이 아닙니다. 그것을 '힘들다고 느끼는 내 생각'이 있을 뿐입니다. 분명 같은 상황에서도 누군가는 술술 해내고, 누군가는 조금 힘들지만 어찌어찌 해내며, 또 누군가는 극도의 스트레스를 받으며 견디지 못하니까요.

이런 사례는 주변에서 쉽게 찾아볼 수 있습니다. 군대에 가면 행군이라는 걸 하는데, 수십 킬로그램이나 되는 무게의 군장을 메고 수십 킬로미터의 거리를 몇 시간씩 걸어가는 강행군을 합니다. 너무나도 힘든 훈련이라 이걸 좋아하는 사람은 거의 없습니다. 하지만 누군가는 이보다도 더한 것을 자기 돈과 시간을 들여서 하는 사람이 있는데, 가장 대표적인 예가 산티아고 순례길 여행자들입니다. 저 멀리 지구 반대편까지 비행기를 타고 날아가 배낭을 메고 수백 킬로미터의 거리를 수십 일 동안 걸어갑니다. 누군가는 미친 짓이라고 할지도 모르는 일을 누군가는 스스로 합니다.

산티아고 순례길 여정이 쉽지는 않지만 이걸 완주한 사람들은 하나같이 인생 최고의 경험이었다고 엄지손가락을 치켜세웁니다. 도대체 무슨 차이일까요? 바로 마음먹기에 달린 겁니다. 내가 하고 싶다고 마음먹으면, 힘든 일도 힘이 들지 않습니다. 힘이 들지 않으니 즐거운 마음으로 하게 되고, 그 과정에서 실력이 늘어납니다. 실력이 늘어나니 할 수 있는 게 더 많아지고, 아는 것이 많아지니 세상 보는 시야가 달라집니다. 이러한 선순환이 계속되면서 더욱 성장하게 됩니다.

제가 회사에 다니면서 대학교 강의도 나가고, 매일 글도 쓰고, 책도 쓰는 것을 보면서 힘들지 않냐고 물어보는 분들이 종종 계십니다. 물론 저도 사람이기에 때로는 힘에 부칠 때가 있습니다. 그렇다고 해서 주저앉고 싶고, 다 놓아버리고 싶은 생각이 들지는 않습니다. 왜냐하면 저는 이 일들을 정말 좋아하고 즐기기 때문입니다. 좋아서 하는 일이니 힘이 들더라도 주저앉지 않고 계속 나아갈 수 있습니다.

그렇다면 우리가 주저앉고 싶은 마음이 드는 이유는 무엇일까요? 바로 내가 진정으로 원하는 일이 아니기 때문입니다. 진정으로 원하는 일이 아니니 그 어려움을 넘어설 만큼 충분히 실력을 쌓지 못했고, 내 실력보다 큰 어려움이 닥치니 힘들고 버거워 어쩔 줄 모르게 되는 것입니다. 이런 상황에서는 당연히 하루하루가 힘들 수밖에 없습니다. 저는 매일 아침 감사 일기를 쓰며 스스로에게 물어봅니다. '나는 어떤 삶을 살기를 원하는가? 나는 이 세상에 어떤 도움을 줄 수 있는가?'라고 말입니다. 절대 쉽지 않은 질문이지만, 굉장히 중요한 질문입니다. 우리는 남들 보기 좋아 보이는 무언가를 이루기 위해 살아서는 안 됩니다.

어떤 성취의 경험 자체가 무의미하다는 것이 아닙니다. 성취하더라도 그것이 내 인생의 목표를 이루기 위한 하나의 과정이어야 진정한 성장이 있기 때문입니다. 결국 우리는 자신에게 정말 치열하게 무엇을 원하는지 물어보고, 그 답을 찾아가는 여정을 떠나야 합니다. 그리고 지금 하는 일이 내 인생에 어떤 의미를 갖는지 스스로에게 설명할 수 있어야 합니다. 이를 설명할 수 있다면 제아무리 궂은일이라 해도 주저앉지 않고 꾸준히 나아갈 수 있거든요.

1960년대 미국 린든 존슨 대통령이 아폴로 우주선 11호 발사 준비에 박차를 가하던 미항공우주국(NASA)에 방문했을 때 마주친 청소부의 일화는 유명합니다. 린든 대통령이 콧노래를 부르며 즐겁게 바닥을 닦고 있는 청소부에게 뭐가 그렇게 즐거운지를 묻자, "저는 단지 청소하는 게 아닙니다. 인류를 달에 보내는 일을 돕고 있지요"라고 대답한 거죠.

어디 이뿐인가요? 디즈니랜드나 에버랜드에서 청소를 담당하는 직원들도 뙤약볕이나 매서운 추위 속에서도 경쾌하게 인라인스케이트를 타고 청소합니다. 이처럼 청소라는 일이 누군가에게는 허드렛일처럼 보일지언정 내가 그 일에 의미를 부여하면 더 이상 하찮은 일이 아니라 가치 있고 의미 있는 일이 되는 겁니다.

저는 단독주택에 살고 있습니다. 사람들과 이야기하다가 제가 단독주택에 산다고 하면 흔히 "좋겠다, 나도 그런 데 살고 싶다"라는 반응이 나오지만, 그 반응에 항상 뒤따르는 질문은 "그런데 단독주택은 할 일이 많지 않나요?"입니다. 실제로 단독주택에 살면 정원도 관리해야 하고, 여기저기 손볼 데도 많습니다. 하지만 저는 잔디 깎는 일도, 무언가를 고치는 일도, 마당을 쓰는 일도, 눈이 내리면 집 앞의 눈을 치우는 일도 너무 즐겁습니다. 반면, 아파트 생활에

익숙해 이런 일을 하고 싶지 않은 사람에게 눈이 내렸으니 얼른 내려와 눈을 치우라고 하면 과연 즐거운 마음으로 할까요? 아마도 군대에서 제설 작업에 끌려 나가는 심정으로 나올 것입니다. 바로 이것이 같은 일이라도 어떤 의미를 부여하느냐에 따라 달라지는 경험의 차이입니다.

살다 보면 주저앉고 싶은 순간이 옵니다. 그럴 때 나약한 자신을 자책할 필요는 없습니다. 이는 우리가 성장해가는 과정에서 당연히 겪는 일이기 때문입니다. 주저앉고 싶은 순간이 찾아온다면, 스스로에게 다음과 같은 질문을 던져보세요.

'나는 지금 어딜 향해 가고 있는가?'
'지금 내가 하는 일이 내 인생에 어떤 의미를 가지는가?'
'내가 하고자 하는 일이 이 세상에 어떤 가치를 줄 수 있는가?'

진짜 좋아하는 일을 찾는 것은 어쩌면 우리가 세상을 마감하는 순간까지 어려울 수 있습니다. 그런데 제가 확실하게 말씀드릴 수 있는 게 하나 있습니다. 그건 바로 "좋아하는 일이라고 결정할 수 있는 건 내 선택에 달려있습니다"라고 말이죠. 여러분의 인생은 지금 어딜 향해 가고 있나요?

## 05. 꿈을 이어가는 열쇠는 무엇인가

제 고등학생 때 담임 선생님은 시간이 꽤 오래 지났음에도 기억에 정말 오래 남는 분이십니다. 담임 선생님께서는 다른 일에는 굉장히 너그러우셨지만, 유독 지각만큼은 절대 용납하지 않으셨습니다. 당시에는 어마어마한 체벌이 있던 냉혹한 시절이라 혹여 지각이라도 하는 날엔 화끈한 대가를 치러야만 했죠. 지각한 동급생이 엄청난 대가를 치르는 모습을 보며 한편으로는 '사람이 살다 보면 늦을 수도 있는 거지, 저렇게까지 할 필요가 있을까?'라는 생각도 들었습니다. 하지만 한참의 시간이 흘러 성인이 되고, 사회인이 되고 난 후에야 비로소 담임 선생님의 생각을 조금씩 이해할 수 있었습니다.

지인과 이야기를 나누던 어느 날이었습니다. 지인의 자녀가 학교에 늦어서 차로 데려다주려고 하는데 정작 자녀는 천하태평이라는 거예요. 그래서 자녀에게 늦었는데 서두르는 게 좋지 않겠냐고 하니, "뭐, 어차피 늦은 건데, 서두르나 안 서두르나 똑같잖아요"라고 해서 한동안 말을 잇지 못했다는 거 아니겠어요? 이 얘기를 듣고 폭소를 터뜨리면서 한편으로는 지각하는 습관이 얼마나 무서운가를 생각하게 되었습니다.

 그렇습니다. 지각이란 것은 할 수 있는 것도 포기하게 만듭니다. 지각이란 것의 생리가 이런 거예요. 늦었으면 얼른 서두르거나, 늦은 것을 만회하면 되는데, 이마저도 안 될 것 같으면 그냥 포기해 버리죠. 이처럼 지각을 반복하면서 분명 만회할 수 있는데도 불구하고 아예 포기하는 태도를 가지게 되는 게 무서운 겁니다.

 이건 제가 대학생들을 가르칠 때도 마찬가지입니다. 저는 학생들이 과제나 출석에 단 1초만 늦어도 가차 없이 50%를 감점합니다. 한 번은 수업에 지각한 학생이 쉬는 시간에 찾아와 조금밖에 안 늦었는데 봐주시면 안 되냐고 하더군요. 저는 안 된다고 했습니다. 그리고 이걸 계기로 다음부터 늦지 않으면 되는 거라고 말해주었습니다. 학생은 못내 아쉬운 표정을 지으며 자리로 돌아갔습니다.

 사실 제 입장에서는 지각하거나 과제를 늦게 한 학생을 봐주는 게 정말 별거 아닐 수 있습니다. 하지만 지각으로 50% 감점을 받았을 때의 고통을 느껴봐야 나중에 사회에 나갔을 때 항상 시간을 준수하는 데 더 신경을 쓰게 됩니다. 그래서 가차 없이 감점하는 거죠. 학생들이 장차 사회에 나가 맞닥뜨리게 될 현실은 이런 냉정함이 있는 야생이니까요.

 주변을 돌아보면 나보다 훨씬 앞서가는 사람들을 보게 됩니다. 이들은 나보다 훨씬 일찍 시작했고, 더 큰 노력을 하며 자신만의 노하우를 쌓았습니다. 그런 사람들의 뒷모습을 보고 있노라면, '아휴, 도대체 난 언제 저기까지 가지?'라는 생각이 드는데, 그 차이가 너무 크면 딱 이 지점에서 포기하기 십상입니다. 왜냐하면 쫓아갈 엄두가 안 날 정도로 차이가 너무 크기 때문이죠.

하지만 쫓아갈 엄두가 나지 않아 포기한다면 정말로 딱 거기까지입니다. 비슷하게 시작했는데, 나보다 앞서가는 사람들이 있다면 시기하거나 질투할 필요도 없습니다. 왜냐하면 우리 모두 각자 생긴 게 다 다르듯, 각자의 속도도 다 다르기 때문이죠. 늦게 시작했다고 해서 정상에 못 오르거나, 실패하는 것도 아닙니다. 다만 정상에 올라서는 시간이 늦어질 뿐이죠. 하지만 '난 이미 틀렸어'라고 시도조차 하지 않는다면 그때야 비로소 '진짜 실패'를 하게 됩니다.

우리 마음속엔 다들 각자의 버킷 리스트가 하나씩 있습니다. 제 버킷 리스트 중 하나는 드럼 연주입니다. 저는 음악에 중저음으로 깔리는 강력한 비트들이 정말 매력적이더라고요. 그래서 제가 좋아하는 음악에 맞춰 신나게 드럼을 두들기며 솟아오르는 아드레날린을 느껴보고 싶어요. 하지만 드럼을 정식으로 배워본 적 없는 현재 저의 드럼 연주 실력은 젓가락 장단 그 이상도 이하도 아니죠. 그런 제가 지금 당장 신해철의 〈그대에게〉를 멋지게 연주할 수 있을까요? 당연히 못 합니다. 멋진 연주를 하려면 기본 박자부터 연습해야만 합니다. 속성 과정 같은 건 없어요. 제아무리 속성으로 배운다 해도 결국 기본부터 시작하죠.

영어, 요가, 헬스, 첼로, 목공 등 무언가를 잘하는 방법은 유튜브에, 책에 이미 방법이 다 있습니다. 그대로만 하면 됩니다. 하지만 대부분 안 합니다. 왜냐하면 그걸 있는 그대로 하기란 절대 쉽지 않기 때문입니다. 그래서 다들 편한 방법이나 속성 과정을 찾아다니곤 하지만, 안타깝게도 이건 시작부터 지는 게임을 하는 겁니다.

만약 여러분이 회계 업무 전문가라고 해보자고요. 회계 업무하려면 뭐부터 해야 하나요? 일단 대차대조표를 볼 줄 알아야 합니다. '감가상각 누계'가 뭔지도 모르면서 회계 업무를 할 수는 없으니까요. 만약 누군가 와서 회계에 대해 하나도 모르는데 회계 전문가가 되겠다고 하면 뭐라고 하실 거예요? 손에 '회계원리' 책을 고이 쥐여 주지 않을까요?

우리는 늘 한 방을 원합니다. 그래서 아직 스케이트 신고 얼음에 설 줄도 모르면서 마음만은 이미 김연아 선수입니다. 물론 꾸준히 연습해가면 점점 실력이 늘어나기에 국가대표급까지는 안 되더라도 '스케이트 좀 탄다' 수준까지는 오를 수 있습니다. 하지만 이 정도까지 실력을 키우는 데도 긴 시간이 걸립니다. 아기가 엄마 뱃속에서 나오려면 10개월이라는 시간이 걸려야 하듯 말이죠. 문제는 우리의 생각은 언제나 현실보다 빠르기 때문에 늘 마음만 조급해지고, 마음만큼 따라가지 못하는 현실에 쉽게 포기하게 됩니다.

내 꿈을 향해 가다 보면 하기 싫을 때도 있고, 하루 건너뛰고 싶을 때도 있고, 생각만큼 늘지 않는 실력에 포기하고 싶을 때도 있습니다. 그런데 바로 여기서 승패가 갈립니다. 내 뜻대로 되지 않는다고 주저앉으면 딱 거기서 끝납니다. 그런데도 계속해나가면 어느 순간 그동안 들였던 노력의 결실이 터지는 순간이 옵니다. 분명히 말이죠!

그런데도 자신의 꿈을 향해 나아가는데 자꾸 주저앉게 됩니다. 왜냐하면 사람들은 '무언가를 해야겠다'라고 생각만 하지 구체적으로 언제 어디서 어떤 행동을 할지까지는 안 정하기 때문입니다. 막연하게만 생각하고 나만의 구체적인 행동 지침을 정하지 않으니 구체적인 행동으로 이어지지 않는 것입니다.

이에 대해 《아주 작은 습관의 힘》의 저자 제임스 클리어는 간단한 행동 지침을 알려줍니다. 바로 "나는 [언제] [어디서] [어떤 행동]을 할 것이다"라고 구체적으로 쪼개서 어떤 행동을 할지 정하라고 말이죠. 목표를 향해 나아갈 때 내가 해야 할 행동이 구체적이지 않으면 그걸 실행하기 위한 동기는 떨어지기 마련입니다. 풍선에 바람이 가득 차 있어야 주둥이를 놓았을 때 힘차게 앞으로 나아가는데, 바람이 없으면 얼마 못 가 바닥으로 툭 떨어지는 것과 같습니다.

〈프로듀스 101〉〈아메리카 갓 탤런트(America's Got Talent)〉와 같은 서바이벌 오디션 프로그램이 한때 꽤 선풍적인 인기를 끌었습니다. 그런데 이 프로그램 지원자의 모습을 보면 우리나라와 서양 지원자의 차이가 확연히 나는 것을 볼 수 있습니다. 우리나라 지원자들은 심사위원이 독설을 퍼부으면 "죄송합니다. 더 열심히 하겠습니다"라고 합니다. 반면 서양 프로그램을 보면 심사위원이 독설을 퍼부어도 "뭐래? 난 내가 훌륭하다고 생각하는데?"라며 오히려 당당해하는 모습을 볼 수 있습니다. 이는 우리나라에서는 '겸손'이라는 신념이 자신을 낮게 평가하고, 이런 문화적 차이가 실제보다 그릿 척도를 낮게 나타내는 것이 아닐까 해요. 이처럼 자기 자신에 대한 확신과 믿음이 있다면 살면서 어려움이 닥치더라도 꿈을 향해 꾸준히 나아갈 수 있어요.

우리가 꿈을 향해 나아가는 길에 아무런 실패도 시련도 없을 수는 없습니다. 하지만 이런 어려움을 겪더라도 절대 포기하지 않고 끊임없이 한 발씩 내디뎌야 합니다. 이렇게 매일 한 걸음씩 내딛다 보면, 그게 모여 한 달이 되고 두 달이 되며, 또 그것이 모여 몇 년이라는 시간이 축적됩니다. 이렇게 오랜 기간 도전적으로 꾸준히 나아가보시기를 바랍니다. 〈개구리 왕눈이〉 주제가처럼 일곱 번 넘어지거든 여덟 번 일어나면 되는 겁니다. 이것이 바로 꿈을 이어가는 열쇠입니다.

# 06. 나를 믿는 법부터 다시 배워야 한다

제가 인하대에서 '반응공학'이라는 과목을 가르치던 때였습니다. 두 번째 주 강의가 끝나고 한 학생이 제게 찾아왔습니다. 복수전공으로 공대 수업을 듣는 한 자연대학 학생 A였습니다. '반응공학'이라는 과목은 화학공학과나 환경공학과에서 배우는 기초 전공과목 중 하나인데 내용이 조금 어렵긴 합니다. 공업수학, 물리화학, 일반화학, 화공양론 같은 선수과목을 들어야 따라올 수 있는 과목이거든요. 그런데 A 학생은 공대가 아닌 자연대 학생이다 보니 선수과목을 미처 듣지 못했다고 하더군요.

강의 첫 주에는 강의 전체에 대해 개괄적인 내용만 다뤘고, 2주 차에 본격적인 진도를 나가면서 조금 어려운 내용이 나오기 시작하니 이 학생은 겁을 먹었나 봅니다. 제게 너무 어려워 이해가 잘 안 간다고 하기에, 어느 부분이 이해가 안 갔냐고 하니 '다 이해가 안 간다'라고 하더군요. 그러면서 선수과목을 들어야만 하는 거라면 수강 포기를 하고 다음에 들어야 하는지 고민된다며 제게 어떻게 하는 것이 좋을지 상의하고 싶다고 했습니다.

저는 이렇게 대답해 주었습니다. "선수과목을 들어야 따라올 수 있는 과목이긴 해요. 하지만 공업수학 안 배웠다고 해도 여기서 나오는 수학이 막 엄청 어렵고 한 건 아니거든요. 이 정도는 A 학생이 이거 따라오겠다고 마음먹으면 얼마든지 따라올 수 있고, 만약 못 따라올 거 같다고 생각한다면 못 따라올 거예요. 어떻게 할 건지는 A 학생이 한번 생각해보고 결정하세요."

제 말을 들은 A 학생은 머릿속이 복잡하다는 표정을 지으며 돌아갔습니다. 배우지 않은 개념을 가지고 설명하며 진도를 나가니 다른 과 학생 입장에서는 상당히 겁이 났을 거예요. 만약 못 따라가게 된다면 낮은 학점을 받게 되는 것도 두려웠을 테죠. 충분히 이해됩니다. 하지만 이건 정말 생각하기 나름입니다.

과연 선수과목을 들은 다른 공대 학생들이 모두 그 과목에서 A+를 받았을까요? 아니죠. 선수과목을 100% 다 이해하고 오는 학생들은 별로 없습니다. 하지만 '한 번 해봤다'는 사실만으로도 자신감을 가지고 하는 겁니다. 설령 미분방정식을 풀 줄 모른다고 해도 자기가 해야겠다고 마음만 먹으면 얼마든지 공부해서 따라올 수 있습니다. 하지만 지레 겁을 먹으면 절대 따라오지 못하죠. 이게 바로 내가 나를 믿어야 하는 이유입니다. 사실 우리는 모두 각자 엄청난 능력을 갖추고 있습니다. 그런데 자신의 능력을 믿지 못하니 가진 능력도 발휘하지 못하는 거지요.

설령 선수과목을 듣고 온다 해도 한두 학기에 선수과목을 완벽하게 다 이해하고 반응공학을 배울 준비를 할 수 있을까요? 아마 그렇지 않을 겁니다. 이 학생의 상황이 안타깝기도 했지만 이건 제가 어떻게 해줄 수 없는 문제입니다. 결국 A 학생은 수강 포기를 했는지 다음 수업부터 강의실에서 볼 수 없었습니다.

사실 이 학생의 속내는 적당히 노력해서 적당히 높은 학점을 받고 싶은 거였을지도 모릅니다. 그런데 이건 주어만 바꾸면 정확히 우리 얘기이기도 합니다. 우리는 이제까지 살아오면서 완벽하기를 요구받았습니다. 부모로부터, 선생님으로부터, 사회로부터 말이죠. 유무형의 압박을 받으며 자라왔지요. 어딜 가건 남보다 잘해야 하고, 똑똑해야 하고, 좋은 학교, 좋은 직장에 들어가면 박수받는 것을 목표로 살아왔습니다. 그래서 남들보다 나아보이는 성과를 얻어야만 하고, 그 기준치를 달성하지 못하면 인생 끝났다고 생각하는 거죠.

수영 강습을 받던 어느 날이었습니다. 수영 강사님께서 갑자기 자유형으로 25미터 수영 레인 끝까지 숨을 쉬지 말고 가보라는 엄청난 미션을 주셨습니다. 처음엔 말도 안 된다고 생각했습니다. 당시에는 수영을 배운 지 얼마 되지 않았을 때라 팔을 서너 번만 저어도 숨이 턱끝까지 차올라 헐떡이기 일쑤였습니다. 그런데 25미터를 숨 한 번 쉬지 않고 끝까지 가라니요! 정말 나를 죽일 작정인가 싶어 원망의 눈초리로 강사님을 바라봤습니다.

회원들이 하나둘씩 출발하고 드디어 제 차례가 되었습니다. 일단 강사님의 신호에 맞춰 호기롭게 출발했습니다. 숨을 참고 열심히 물장구를 치고 팔을 저었지만 역시 어느 정도 가다 보니 숨이 차올라 도저히 계속 갈 수가 없었습니다. 결국 중간에 한두 번 숨을 쉴 수밖에 없었지요. 겨우 반대편까지 도착해 가쁜 숨을 고르며 곰곰이 생각해봤습니다. '혹시 이것도 내가 못 한다고 생각하니까 못하는 게 아닐까?'라고 말이죠. 그래서 '이번엔 강사님 말대로 몸에 힘을 빼고 한 번 해보자! 다른 사람도 하는데 내가 못 할 게 뭐람?'이라는 마음을 먹고 다시 출발해봤습니다. 어땠을 것 같아요? 정말 말도 안 되는 일이지만 25미터 수영 레인을 숨을 한 번도 안 쉬고 가게 되더군요. 저는 이때 다시 한번 깨달았습니다. 내가 나를 믿어야 한다는 걸 말이죠.

그런데도 우리는 왜 자신을 믿지 못할까요? 사실 내 안에는 충분히 해낼 수 있는 능력이 있는데 말이죠. 그건 크게 세 가지로 나눌 수 있습니다.

첫째, 과거의 실패 경험이 내 발목을 잡기 때문입니다. 한두 번 실패를 경험하면 '난 원래 이런 걸 못 해'라고 단정 짓는 거죠. 사실은 내가 준비가 부족했거나, 방법이 좀 서툴러서 못한 것일 뿐인데 스스로 딱 거기까지 한계를 짓기 때문에 다시 도전할 엄두를 내지 못하는 겁니다.

둘째, 주변의 잘하는 사람과 비교해 스스로 주눅 들기 때문입니다. 나는 이제 겨우 걸음마를 하고 있는데 주변을 둘러보면 뛰어다니고, 날아다니는 사람들이 많습니다. 특히 비슷하게 시작했는데 나보다 잘 나가는 사람을 보면 '아! 난 역시 안 되는 사람인가 봐!'라는 생각이 들며 의욕이 싹 사라집니다. 하지만 이런 비교는 성장에 전혀 도움이 되지 않습니다. 우리가 보는 모습은 그 사람의 현재 결과만 바라볼 뿐, 실제로 그 사람이 뛰어난 실력을 갖추기 위해 얼마나 큰 노력과 시행착오를 겪었는지는 보지 못하기 때문이죠.

셋째, 완벽해야 한다는 부담감 때문입니다. 우리는 대부분 어떤 목표를 단 한걸음에 이루려고 해요. 사실 이렇게 되는 건 없잖아요. 따라서 당연히 잘 안될 수밖에 없는 거에 실망하고, 완벽하지 않으면 의미가 없다고 생각하죠. 하지만 해보지도 않고 '이건 내가 할 수 없는 일'이라고 결정짓는 건, 나의 가능성을 내가 먼저 가둬버리는 겁니다. 그러면 어떻게 해야 나를 믿고 끝까지 나아갈 수 있을까요?

첫 번째, 작은 성공을 경험하는 것부터 시작해보세요. "전 잘할 자신이 없어요"라고 말하는 사람들은 스스로 무언가를 성취해낸 경험이 적은 경우가 많습니다. 아무리 작은 것이라도 직접 해내 봐야 나에 대한 믿음이 쌓여요. 예를 들어, '난 운동을 꾸준히 못 해'라고 생각된다면, 당장 한 시간 동안 러닝머신을 뛸 생각하지 마시고, 일단 운동화 신고 밖에 나가는 것부터 시작하면 됩니다. 운동화 신고 밖에 나갔다가 들어온 것만으로 그날 운동은 성공한 거예요. 이렇게 아주 작고 사소한 건 누구나 할 수 있어요. 중요한 건 할 수 있는 범위에서 직접 해보는 겁니다.

두 번째, 다른 사람과 비교를 멈추고 나만의 발걸음으로 나아가세요. 나보다 앞서 있는 사람을 보며 조급해할 필요 없습니다. 중요한 건 내가 어제보다 한 걸음 나아가는 거니까요. 누구나 출발선이 다르고, 각자의 방향과 속도는 다 다릅니다. 유일한 비교 대상은 바로 '어제의 나'예요. 어제보다 조금이라도 나아졌다면, 그것 자체가 성공입니다.

세 번째, 완벽함이 아니라 '성장'을 목표로 삼으세요. 이 세상에 완벽은 없습니다. 따라서 완벽해지려고 하면 시작도 못 하고, 조금만 부족해도 포기하게 됩니다. 하지만 목표를 '완벽하게 해내는 것'에서 '조금씩 성장하는 것'으로 바꾸면, 실수도 과정이 되고 실패도 배움이 됩니다. 결국 해내는 사람들은 완벽해서가 아니라, 비록 부족하더라도 끝까지 나아가는 사람들이에요.

사람들은 누군가 성공한 사람들을 보면 지금 누리고 있는 그 결과만 바라볼 뿐 바닥부터 시작해 치열하게 노력한 과정은 잘 보려고 하지 않습니다. 하지만 어디서 무엇을 하든 바닥부터 차곡차곡 실력을 쌓아가는 과정 없이는 어떠한 성과도 낼 수 없습니다. 반면, 이 과정을 당연한 거로 생각하고 스스로 받아들이면 굳이 성공하려 하지 않아도 결국 그 위치에 올라서게 됩니다.

물론 이 과정에서 수많은 부딪힘과 넘어짐을 겪으며 힘들고 그만두고 싶은 순간이 올 것입니다. 여기서 이 역경을 이겨내고 끝까지 해나갈 방법이 바로 내가 나를 믿는 것입니다.

따라서 누군가 내게 대단하다고 하건, 하찮다고 하건, 내가 나를 믿고 있으면 그런 말에 휘둘리지 않습니다. 내가 나를 믿지 않으면, 아무리 좋은 기회가 와도 잡을 수 없습니다. 내 안에는 이미 해낼 힘이 있어요. 문제는 내가 그걸 믿느냐, 믿지 않느냐입니다. 그러니 지금부터라도 내가 할 수 있는 것부터 시작해보시기 바랍니다. 작은 성공을 쌓고, 남과 비교하지 않으며, 완벽함이 아니라 성장하는 나를 보는 거죠. 그러다 보면 어느 순간, 더 이상 포기가 아닌 도전을 선택하는 나를 발견하게 될 겁니다.

## 07. 멈추지 않는 한 실패는 없다

무한도전에서 역사 족집게 강사로 공중파에 출연해 유명세를 치르게 된 역사 강사, 설민석. "연기 전공한 사람이 무슨 역사 강의냐?"라는 논란도 있었지만, 실력으로 밑바닥부터 차근차근 올라가 결국 정상에 섰습니다. 하지만 누군가 정상에 올라서려고 하면 그 꼴을 보지 못하고 끌어내리는 경우가 비일비재한데, 이분도 여기서 자유로울 수 없었습니다. 오랜 힘든 시간을 버텨낸 후 다시 방송에 나선 설민석 님의 강연을 유튜브로 보게 되었습니다. 보는 내내 마음이 매우 아팠습니다. 제가 예전에 겪었던 상황과 너무 비슷했거든요.

저는 회사에서 수년간 아무도 해내지 못한 걸 해냈습니다. 드디어 해냈다고 기뻐하며 한숨 돌리던 때 마침 국제기구에 파견 갈 수 있는 기회가 생겼습니다. 정말 거짓말처럼 모든 것이 저를 위해 준비된 것 같은 조건이었죠. 제가 국제기구 파견에 지원하자, 이 사실을 알게 된 제 상사는 "가긴 어딜 가냐?"라며 격분했고, "쟤는 곧 떠날 애"라며 저의 모든 업무를 다 배제했습니다. 아직 합격한 것도 아니고 지원만 한 상태인데도 말이죠.

때는 2020년 초, 코로나가 막 터지던 시기였습니다. '재택근무'라는 개념이 생소하던 시기에 저는 강제로 몇 주간 재택근무를 하게 됩니다. 얼핏 들으면 꿀 빠는 거 아니냐고 할지도 모르지만, 문제는 모든 업무에서 배제되어 아무런 일도 할 게 없는데도 불구하고 매일 아침저녁으로 그 상사에게 업무보고를 해야만 했다는 겁니다. 이건 마치 창고에 책상 갖다 놓고 하루 종일 앉아 있으라고 하는 것과 같았습니다.

심지어 상사는 제가 재택근무로 자리를 비운 상태에서 제 책상까지 빼서 제일 먼 자리로 옮겨버렸습니다. 결국 그분은 '직장 내 괴롭힘'으로 징계받고 지방으로 좌천되었습니다. 직장 내 괴롭힘 조사가 진행되는 동안에도 국제기구 파견 선발 절차는 계속 진행되었고, 여러 단계의 선발 절차를 거쳐 제가 1등으로 선발되었습니다.

하지만 조사 과정에서 평소 제게 감정이 좋지 않던 직원들이 저를 가해자로 신고했다는 소식을 듣게 되었습니다. 이제는 가해자 신분으로 다시 조사받게 됩니다. 그 직원들이 저지른 수많은 과실과 잘못에 관해 설명하고, 그걸 바로 잡기 위한 거였다고 소명했지만, '기분 나빴다'라는 말에 결국 저의 괴롭힘은 성립되었습니다. 그 직원들이 회사에 끼친 수많은 재산상 손해와 과실, 직무태만은 전혀 고려의 대상이 되지 않았습니다.

결국 저도 회사에서 징계받게 됩니다. 이른바 직장 내 괴롭힘 피해자, 가해자 2-Combo를 달성했죠. 피해자가 된 것도 말할 수 없는 수치심으로 힘들었는데 이제는 제가 가해자가 된 것입니다. 그것도 여러 명에 대해서 말이죠. 게다가 저는 징계를 받았다는 이유로, 국제기구 파견 선발에서 1등을 했음에도 불구하고 2등에게 기회를 내어주어야 했습니다.

이후 회사 내에서 저는 완전히 주홍 글씨와 낙인이 찍힌 루저가 되어 버립니다. 이후 무슨 일이 있을 때마다 번번이 징계 이력이 발목을 잡았습니다. 입사 동기들이 모두 승진하고 후배들이 줄줄이 승진하는 동안에도 저는 계속 밀렸습니다. 모두가 눈에 불을 켜고 달려드는 승진 경쟁에서 '징계 이력'이라는 너무나도 물어뜯기 좋은 명분이 있으니까요. 징계받은 이후 저는 회사에서 꽤 오랜 시간 동안 화장실도 제대로 못 갔습니다. 복도에 나가면 모두 나를 보고 손가락질할까 봐서 말이죠. 저를 더욱 힘들게 한 것은 '내가 억울하다고 생각하는 것처럼 내 사건의 가해자도 자신이 억울하다고 생각하겠구나'라는 것이었습니다.

하지만 이미 벌어진 일, 무엇이 잘못된 것인지 냉정하게 자신을 돌아봤습니다. 돌이켜 생각해보니 이 모든 것은 다 제 탓이었습니다. 필요 이상으로 회사 일을 너무 열심히 한 것도, 나서지 않아도 되는데 굳이 나서서 잘못을 저지른 직원들에게 싫은 소리를 한 것도 다 저의 선택이었으니까요.

저의 징계사유를 들으면 누구나 허탈한 웃음을 짓습니다. "이런 걸로도 징계를 받느냐?"라고 말이죠. 하지만 그건 표면적인 이유에 불과할 뿐, 근본적인 이유는 직원들의 감정을 건드린 것입니다.

이게 제가 저지른 가장 큰 잘못이었습니다. 저는 분명 잘못했고, 그로 인해 큰 대가를 치렀습니다. 하지만 잘못한 것을 인정하고, 다시는 같은 실수를 반복하지만 않는다면 더 나은 사람이 될 수 있다고 생각합니다. 살면서 실수는 누구나 합니다. 하지만 문제는 그다음입니다. 왜냐하면 실수를 저지른 후 그다음 어떻게 대처하느냐에 따라 미래가 달라지기 때문입니다.

살다 보면 여러 가지 형태로 억울한 일을 한 번쯤은 겪게 됩니다. 실패, 모함, 누명, 오해 등 다양한 형태로 찾아오는 이런 경험들은 마음에 깊은 상처를 남깁니다. 이런 일을 겪으면 억울함에 꽤 힘든 시간을 보내게 됩니다. 주변 사람들이 손가락질하면 때로는 밤잠을 설치기도 하고, 그게 아니라고 일일이 해명하느라 소중한 에너지를 소진하기도 합니다. 이럴 때는 차라리 진짜 내 실력을 키우는 데 집중하는 것이 좋습니다. 나의 참된 가치는 절대 변하지 않으며, 언젠가는 모두가 알아볼 테니까요.

저는 이 일 이후 꽤 오랜 시간 신경정신과를 다니며 심리치료와 약물치료를 받았고, 좋아지기까지 정말 많은 시간이 필요했습니다. 비용도 많이 들였고요. 저는 전문가이자 제 주치의를 굳게 믿고 따라갔습니다. 오랜 기간 심리치료를 받으며 자신을 철저하게 되돌아보고 마음을 들여다봤어요.

나중에 신경정신과 의사 선생님으로부터 "이제 그만 오셔도 되겠어요"라는 이야기를 듣기 전에 저는 이미 느꼈습니다. '나 진짜 괜찮아진 거 같은데?'라고 말이죠. 물론 그 이후로도 스스로 큰 노력을 했습니다. 책도 많이 읽고, 블로그에 글도 쓰고, 책 원고를 쓰면서도 저는 꾸준히 마음을 단련했어요. 정말 처절하고 냉혹할 정도로 말이죠. 그리곤 다짐했습니다. '두고 봐. 내가 진짜 괜찮은 사람이란 걸 보여줄 거야. 회사에서 나에게 주홍 글씨를 쓰고 낙인을 찍어도, 나는 그런 사람 아니야.'

다리가 없는 강을 건너려면 옷이 젖을 수밖에 없습니다. 하지만 강을 건너지 않고 안전한 곳에 머물러 있으면 절대 새로운 길을 볼 수 없겠죠. 이것이 우리가 성장할 때 맞닥뜨리는 현실입니다. 강을 건너려는 사람은 주변 사람들로부터 거센 저항을 받습니다. 사람들도 알고 있습니다. 강을 건너려면 옷이 젖는다는 것을 말이죠. 하지만 옷이 젖는 것도 싫고, 깊이가 얼마나 되는지 알 수 없는 강을 건넌다는 것이 두렵기만 합니다. 그래서 그 두려움을 감내하느니 확실하고 안전한 강 안쪽에 머무는 것이죠.

하지만 강 건너편에 가려고 용기를 내는 사람이 진짜로 강을 건너가면 시도조차 하지 않은 자신이 멍청하고 무능하다는 게 입증됩니다. 그래서 강을 건너려는 사람을 말리는 것입니다. 그뿐만 아니라 강을 건너지 않고 현재에 머물기를 선택한 사람끼리 모여 자신들이 옳음을 증명하고, 서로 칭찬하고 격려하며, 머무는 가치의 당위성을 공유하고 확산시켜 나갑니다. 반면, 강을 건너려는 사람은 이런 자신들만의 가치를 무너뜨리는 것이 되기에 공격하고 비난하고 욕을 하는 거지요.

성장하려면 불편함을 감수해야 합니다. 새로운 도전을 하면 실수도 하고, 주변의 비난도 받을 수 있습니다. 하지만 그것이 두려워 멈춰 있다면 우리는 절대 앞으로 나아갈 수 없습니다. 우리의 성장도 마찬가지입니다. 누군가가 나를 비웃고, 끌어내리려고 하는 것에 무너져 주저앉게 되면 성장할 수 없습니다. 성장하려면 이러한 딴지와 끌어내림, 비아냥과 비웃음을 이겨내야만 합니다. 이걸 이겨내고 나면 한 단계 더 성장한 자신을 발견할 수 있게 됩니다.

  이러한 주변의 비웃음을 이겨내고 강을 건너가기 위한 가장 간단하고 확실한 방법은 내가 해야 할 것을 묵묵히 그리고 꾸준히 해나가는 것입니다. 바짓가랑이가 젖어도, 무릎 위로 물이 올라와도, 미끄러운 돌을 밟아 넘어져 온몸이 다 젖더라도, 홀딱 젖은 내 모습을 보고 강가에 앉은 사람들이 날 비웃고 돌을 던지더라도 그저 나아가야 합니다. 누가 뭐라 그러건 말건, 잘 되건 안 되건, 그저 한 걸음씩 꾸준히 내딛는 과정을 반복해야 합니다. 비웃음 속에서도 그냥 꾸준히 나아가면 됩니다. 이러한 발걸음을 꾸준히 내딛다 보면 결국 강 건너편에 도달합니다.

  그곳엔 강을 건너지 못한 사람은 결코 가보지 못한 길이 펼쳐집니다. 이제 그 길을 또 한 걸음씩 내디디면 됩니다. 우리가 멈추지 않는 한 실패는 없습니다. 그러니 자신의 가치를 믿고 세상에 그 능력을 보여주기를 바랍니다. 억울한 일 앞에서 주저앉지 말고, 나의 내면에 있는 진정한 가치를 드러내는 데 집중하기를 바랍니다. 누군가 여러분을 오해하고 비난하더라도 그것은 단지 잠시 묻은 오물일 뿐이니까요.

3장

# 성공에 대한
# 잘못된
# 통념을 깨라

01. 속물적 성공에서 자유로워지기

02. 목적 없는 성공의 덫

03. 경쟁에서 한발 물러나 되돌아보라

04. 진정한 성공을 만드는 관점의 전환

05. 천천히 가더라도 내 방식이어야 한다

06. 성공과 행복은 반드시 일치하지 않는다

07. 지속 가능한 것이 진짜다

진정한 성공을 위해
기존의 잘못된 관념과
사회적 기준에서 벗어나야 한다.

## 01. 속물적 성공에서 자유로워지기

    사회로부터 인정받고 싶은 마음은 누구나 느끼는 인간의 기본욕구 중 하나입니다. 그리고 이런 욕구는 우리가 더 나은 모습으로 발전해가는 원동력이 되기도 하지요. 하지만 이런 목표들이 진짜 내가 좋아서 하는 것이 아니라 남에게 좋아 보이기 때문이라면 얘기가 완전히 달라집니다. 한편, 우리를 힘들게 하는 감정 중에서도 가슴 깊이 박히는 감정 중 하나는 바로 '모욕감'입니다. 이제껏 살아오면서 누구나 한 번쯤은 모욕감을 경험해봤을 겁니다. 이런 경험은 정신적인 충격이 커서 회복되기까지 상당한 시간이 필요하지요. 우리는 왜 이런 모욕감에 힘들어할까요? 그건 바로 우리가 받고 싶은 '인정욕구'를 무너뜨리는 감정이기 때문입니다.

    마음속에서는 인정받고 싶은데 모욕감을 느낀다는 것은 인정욕구를 정면으로 부정하는 경험이기 때문에 가슴에 비수가 꽂히는 듯한 고통스러운 감정을 느끼게 되는 거죠. 문제는 우리가 항상 인정받고 살 수는 없다는 것입니다. 돌이켜보면 저도 예전엔 누군가의 인정을 갈구하며 살아왔습니다. 부모님께 인정받고 싶어서, 선생님께 인정받고 싶어서, 회사에서 인정받고 싶어서 '내가 좋아하는 것'이 아닌 '남들 보기에 좋아 보이는 것'에 집중하며 살아왔습니다. 정작 중요한 내가 나를 인정하지는 못하고 말이죠.

조직 사회는 대부분 안타깝게도 일을 열심히 한다고 해서 그에 대한 성과가 바로 되돌아오기가 어려운 구조적 한계를 가지고 있습니다. 오히려 일 열심히 하면, "어이구, 이 친구 믿고 맡길 수 있겠네"라며 깔때기 꽂고 일을 들이붓는 것이 현실이죠. 반면, 일을 제대로 하지 않으면 "저 친구한테 일 맡기면 사고 친다"라는 인식이 생겨 오히려 일을 더 안 맡기게 되고, 결국 일은 에이스에게만 몰리는 참으로 아이러니한 상황이 벌어집니다.

사람인지라 일하다 보면 실수를 할 수 있는데, 대부분은 실수를 더 나은 발전을 위한 과정으로 보듬어주기는커녕, "오냐, 너 잘 걸렸다"라고 감사실에서 득달같이 달려들어 난도질당하기 마련이죠. 결국 일을 너무 열심히 하면 감사에 걸릴 여지만 많이 생겨 오히려 손해가 되는 경우가 비일비재합니다. 역설적으로 새로운 도전이나 개선의 시도 없이 정해진 것만 충실히 해내면 오히려 아무런 문제가 안 생기죠. 결국 회사 생활을 하면서 아무런 문제가 생기지 않도록 퇴직할 때까지 '문제없이' 지내는 게 최고의 목표가 되는 것이 현실입니다.

인정받고 싶은 욕구는 너무나도 자연스러운 욕구입니다. 하지만 사람들은 인정받지 못할 때 '내가 자존감이 낮아서 남들에게 자꾸 인정받고 싶어 하는 걸까?' 하는 생각을 하곤 합니다. 게다가 이런 생각은 또 다른 고통을 재생산하죠. 부끄러운 얘기지만 저도 그랬습니다. 회사에서 인정받고 싶은 내면의 이상향과 실제 내가 인정받고 있는 현재의 수준과의 차이로 인해 스스로를 괴롭게 만들곤 했죠.

살다 보면 다른 사람의 인정 따위는 구걸하지 않는 강철 멘털을 가지고 있는 사람도 볼 수 있습니다. 살짝만 건드려도 부서지는 쿠크다스 멘털을 가진 사람이 이런 강철 멘털을 가진 사람을 보면 '난 뭐야. 나는 왜 이리 자존감이 낮을까?' '정말 난 세상 쓸모없는 사람인가 보다'라는 전혀 도움이 되지 않는 생각을 하며 어둠의 구렁텅이로 스스로 걸어 들어가는 절차를 밟게 되죠.

저도 징계받았던 이력이 회사 내에서 계속 발목을 잡았습니다. 예전 같았다면 이런 상황에 자신을 비하하며 많이 힘들어했을 겁니다. 하지만 이제는 더 이상 그러지 않죠. 왜냐하면 비록 회사에서 저를 그렇게 취급하더라도 저의 진가는 변하지 않는다는 확신이 있고, 제 능력으로 외부 활동도 활발히 하며 성취의 경험을 꾸준히 쌓아가고 있거든요. 물론 어딜 가나 남들보다 앞서나가려 하면 누군가가 발목을 잡고 끌어내리곤 합니다. 하지만 이제는 그런 일이 생기더라도 '아, 내가 잘 가고 있구나' '더 나은 내가 되기 위해 통과의례를 거치고 있구나'라고 생각하며 넘깁니다.

우리는 내면의 진짜 욕구를 잘 알아차리지 못합니다. 그만큼 '진짜 나'의 모습이 아닌, '밖에서 보이는 나'의 모습에 집중해 살았기 때문이에요. 따라서 진짜 내가 원하는 것이 뭔지, 나의 진짜 욕망이 뭔지 알아차리기 쉽지 않아요. 저는 강의나 특강에서 만나는 대학생들과 진로 이야기를 나눌 기회가 종종 있습니다. 학생들은 대부분 졸업이 다가오면 '취업해야 한다'라는 강박을 느끼곤 합니다. 물론 성인인 대학생에게 취업은 정말 중요합니다. 온전한 성인으로서 '먹고사니즘'을 해결하는 것은 독립의 기초가 되니까요.

그토록 원하던 취업을 하고 나면 드디어 취준생 신분을 벗어났다는 기쁨도 잠시, 이제는 나와 비슷한 수준을 가진 사람들과 또다시 힘겨운 경쟁이 시작됩니다. 함께 입사한 동기가 모두 동시에 승진할 수는 없기에 시간이 지나다 보면 누군가는 일찍 승진하고, 누군가는 승진을 못 하는 것이 현실이죠. 때로는 눈치 없는 오지라퍼 상사가 승진이 늦어진 나를 위로해준답시고 "빨리 승진해야 할 텐데"라는 말을 해주기도 합니다. 그러나 차라리 아무 말도 하지 않는 게 나은, 우리 인생에 아무런 도움도 되지 않으며 위로는커녕 속만 긁어놓는 말일 뿐입니다.

회사 내에서 승진이 늦어지는 건 굉장히 고통스럽고 힘든 일임이 분명합니다. 하지만 우리는 평생 회사에 다니는 게 아니라는 걸 잊으면 안 됩니다. 언젠가는 세상과 이별하듯, 어떤 형태로든 회사를 그만둡니다. 결국 회사를 나오고 나면 그 안에서 조금 더 빨리 가고 늦게 가고는 큰 의미가 없습니다. 물론 회사 내에서의 위치에 의미를 두는 사람이라면 큰 의미일 수도 있지만, 큰 틀에서 보면 그냥 그건 회사 내에서 얘기일 뿐이죠.

모두가 알고 있는 속담, '우물 안 개구리'라는 말이 있습니다. 우물 안에서 누가 더 크고 힘센 개구리인지 서로 경쟁해봐야 우물 밖에 나오면 결국 아무것도 아닙니다. 성공에 대한 통념도 이와 비슷합니다. 우리가 흔히 성공이라고 규정하는 대부분의 시선은 마치 우물 안 개구리처럼 매우 좁은 시선에서 바라보는 것들입니다. 우물 안에서 높은 위치에 있는 사람을 보면 정말 대단해 보이지만, 우물 밖으로 나와 보면 자신이 얼마나 편협한 시각이었는지를 금세 깨닫게 되지요.

남들이 다 부러워할 만한 직장을 그만두고 세계여행을 하거나 먼 열대지방에서 스킨스쿠버 다이빙을 가르치며 살아가는 사람들의 이야기를 종종 듣습니다. 흔히 생각해오던 방식으로 그들을 바라보면 정말 한심해 보일 수 있습니다. 하지만 정작 그들은 스스로 만족하고 매 순간 행복한 삶을 살아가고 있죠. 도대체 왜 이런 걸까요? 우리가 실패한 삶이라고 생각하는 관점은 대부분 사람이 세상을 바라보는 관점이고, 그들은 순전히 자신의 관점으로 삶을 대한다는 점이 가장 큰 차이가 아닐까요?

우리는 우리의 삶을 살아가야 합니다. 남에게 좋아 보이는 삶, 남이 보기에 성공이라고 생각하는 삶이 아니라 진짜 내가 만족하고 행복감을 느끼는 삶 말이죠. 그러니 내가 진짜 무엇을 좋아하고, 무엇을 잘하고, 어떤 일을 통해 세상에 이로운 가치를 줄 수 있는지에 대해 진지하게 물어봐야 합니다. 왜냐하면 행복은 남이 정해주는 것이 아니라 내가 정하는 것이기 때문입니다. 남이 보기에 좋은 집에 살고, 좋은 차를 타고 다니며, 멋진 옷을 걸치고 있다고 하더라도 마음이 불편하고 매 순간이 괴롭다면 아무런 소용이 없습니다. 비록 조금 허름한 집에 살더라도 마음이 편하고 행복하면 되는 거니까요. 내 삶이기에 남의 기준에 나를 맞춰서는 안 됩니다.

  진짜 나답게 사는 것이 무엇인지 스스로 물어보기를 바랍니다. 나만의 기질과 내가 진정 중요시하는 삶의 가치가 무엇인지 생각하며 갈 길을 스스로 닦아 나가는 것, 너무나도 당연한 방법이 속물적인 성공에서 자유롭고 진정한 내 삶을 살아가는 지름길이 될 것입니다.

## 02. 목적 없는 성공의 덫

저는 제 첫 번째 저서인《상위 1% 일잘러의 글쓰기 절대 원칙》덕분에 다양한 기업과 대학에서 글쓰기, 보고서 작성 등에 대해 강연하며 다양한 분들을 만날 기회가 종종 있습니다.

특히 기업이나 대학에서 강연한 후 질문을 받다 보면 '분명 누군가는 여기 못 들어와서 안달인데, 정작 여기에 들어온 사람들은 방향을 잃고 방황하고 있구나!'라는 것을 느낄 수 있습니다. 이건 비단 제 강의, 강연에서 만나는 분들뿐만이 아닙니다. 누군가는 유명 대학에 합격했음에도 불구하고 방황하고, 또 누군가는 유명 대기업에 들어갔지만 기나긴 방황을 한 후 스스로 그 자리를 박차고 나오는 사례를 어렵지 않게 볼 수 있으니까요.

저도 20대에 대학 진학 후 꽤 많은 방황을 경험했던지라 이들의 고민이 남의 일 같지 않습니다. 그리고 강산이 두 번 넘게 변했는데도 청년들의 고민은 제가 20대 때 했던 고민과 크게 다르지 않다는 것이 참으로 놀랍습니다. 도대체 왜 이런 일이 계속 반복되는 걸까요? 그건 바로 목표가 '대학에 합격하는 것' '유명 대기업에 합격하는 것'이었기 때문입니다. 그 꿈을 이루고 나니 다음 목표가 없어 방황하게 되는 거죠. 꿈이 없으니 남들에게 좋아 보이는 선택을 하게 되고, 분명 남들 보기엔 멋져 보이는 길을 가고 있음에도 불구하고 스스로 '도대체 왜 이걸 하는 거지?'라는 질문을 하며 방황하게 되는 겁니다.

우리는 누군가에게 그럴듯해 보이는 성공을 하기 위해 살아가는 것이 아닙니다. 내가 진짜 원하는 것도 아닌데 남들에게 잘 보이기 위해 노력하는 것은 지속 가능하지도 않고, 그걸 이뤄내는 과정도 절대 즐겁지 않아요. 오는 순서는 있어도 가는 순서는 없습니다. 말 그대로 언제 죽을지도 모르는 인생을 살아가면서 평생 남들에게 좋아 보이는 걸 억지로 해내기 위해 살아가는 삶은 결코 행복할 수 없습니다. 따라서 남들에게 좋아 보이는 것을 하지 말고 진짜 내가 좋아하는 걸 해야 합니다.

비교는 불행의 시작이라고 합니다. 남과 비교하기 시작하면 한도 끝도 없습니다. 고등학생이던 시절, 제가 가지 못한 공군사관학교에 들어간 제 친구를 부러워했습니다. 그렇다면 공군사관학교에 간 제 친구는 마냥 행복했을까요? 친구는 공군사관학교에 들어갈 때부터 자신이 조종사가 될 수 없다는 걸 알고 있었습니다. 예상대로 조종사 선발 과정에서 신체검사에 탈락해 조종사가 되지 못했고, 예상은 하고 있었지만 정말로 떨어졌다는 사실에 꽤 힘든 시간을 보냈습니다.

그런데 조종사가 되었다고 한들 모든 게 다 해결되었을까요? 어려운 비행훈련 과정을 모두 통과해 빨간 마후라를 목에 걸고 공군

조종사가 되었다고 하더라도 전투기를 몰지 못하는 누군가는 전투기 조종사를 부러워할 수도 있어요. 전투기를 탔다고 하더라도 경형 전투기를 타는 누군가는 최신 스텔스 전투기 조종사를 부러워하고, 또 누군가는 블랙 이글스 조종사를 부러워할지도 몰라요. 결국, 이처럼 남과 비교하기 시작하면 끝이 없습니다. 무언가를 이뤄내면 그다음이 부럽고, 또 그다음이 부러워질 테니까요. 이는 마치 끝도 없이 무거운 돌을 밀어 올려야만 하는 시시포스의 형벌을 셀프로 받는 것과 다르지 않습니다.

이 세상의 길은 단 하나만 있는 것이 아닙니다. 입사 동기가 모두 동시에 승진하고, 모두가 임원이 될 수 없듯이 말이죠. 물론 승진에 누락되고, 임원을 달지 못해 회사를 나가야만 하는 사람은 그 순간 말 못 할 고통에 시달릴 겁니다. 하지만 그건 그 안에서 봤을 때의 일이고, 결국 각자의 그릇에 맞는 길을 찾아가는 과정일 뿐입니다. 내가 진정 원하는 것이 명확하다면, 어디에서 무엇을 하건 행복할 수 있습니다. 결국 우리는 자신에 대해 제대로 알아가야만 합니다. 이렇게 얘기하면 대부분 자기가 뭘 좋아하는지, 뭘 잘하는지 모른다고 합니다.

어쩌면 당연한 겁니다. 왜냐하면 우리 사회는 이제껏 자기 자신에 대해 돌아볼 기회를 주지 않고 무조건 남들보다 한 걸음 더 앞서나가는 것만 최우선시했기 때문이죠. 이처럼 남들보다 조금 더 빨리 나아가는 방식은 우리나라가 후진국에서 엄청난 경제성장을 할 때는 정말 좋은 전략이었습니다. 따라잡아야 할 선두 주자가 명확히 보였고, 그들이 어떤 과정을 거쳐 저 앞에 달리고 있는지도 알기에 누가 빨리 정해진 방법을 익혀 쫓아가는지로 평가하는 것이 매우 합리적이었습니다. 하지만 지금은 어떤가요? 우리 부모님 세대가 그렇게 열심히 해주신 덕분에 우리는 이제 정말 잘사는 선진국 대열에 올라섰고 배터리, 디스플레이 같은 분야에선 우리가 맨 앞에서 달리고 있어요. 이제 더 이상 쫓아갈 상대가 없고, 스스로 길을 개척해야 하는 위치에 섰습니다.

어디 이뿐인가요? 예전에는 대학교 순위로 서류심사를 해서 사람들을 걸러내고, 정해진 공채 시험을 통과하면 입사하는, 소위 말해 체 거름 방식으로 채용했지만, 이제는 지금 당장 검증된 실력을 가진 사람을 핀셋처럼 뽑아 바로 실무에 투입하는 방식으로 빠르게 바뀌고 있습니다. 현재 공채 방식을 유지하는 기업들도 머지않아 시대의 흐름에 따라갈 수밖에 없습니다. 게다가 다양한 플랫폼의 발달로 인해 실력을 검증할 수 있는 방법이 생겼고, 실력이 있으면 어디서든 찾지만, 반대로 실력이 없으면 어디서도 찾지 않는 시대가 되었습니다. 멀리 볼 것도 없이 예전엔 개그맨이 되려면 치열한 경쟁률을 뚫고 공중파 공채 시험에 합격해야만 했지만, 지금은 유튜브와 같은 SNS를 통해 실력만 있다면 얼마든지 끼와 능력을 발산할 수 있습니다. 물론 내가 진짜 능력이 있다고 하더라도 초반엔 인지도가 없기 때문에 아무도 나를 찾지 않을 겁니다.

따라서 지난한 인고의 시간을 이겨내야만 하죠. 그런데 내가 진짜 좋아하지 않으면 이 시간을 결코 이겨낼 수 없습니다. 단군신화의 호랑이가 파와 마늘을 못 견디고 동굴을 뛰쳐나가듯 스스로 중간에 그만두고 떠납니다. 웅녀처럼 원하는 것을 이룰 때까지 해내기 위해서는 자기가 좋아하고 잘하는 것을 반드시 찾아내야만 합니다. 이제 우리는 내가 무엇을 잘하는지, 무엇을 좋아하는지를 잘 살펴보고 가진 역량과 자원을 잘 활용해 스스로 길을 찾아 나가야만 합니다. 그렇지만 우리 사회는, 학교는, 부모님은 개도국 시절에나 통하던 패스트 팔로워(Fast Follower) 전략을 여전히 고수합니다. 이런 건 이제 당분간은 통할지 몰라도 장기적으로는 통하기 어려운 전략입니다.

진로에 대해 고민하는 대부분 사람은 '무엇이 되어야 하나?' '어느 분야가 유망한가?'에 대한 고민을 합니다. 그런데 여기서 진짜 중요한 것을 놓치는 경우가 많습니다. 그건 바로 '내가 누군지'에 대해 정확히 모른다는 거죠.

공대에서는 공업수학 시간에 '벡터(vector)'라는 것을 배웁니다. 쉽게 말해 화살표 같은 거예요. 화살표의 모양과 크기로 어디서 어디로 가는 건지 방향과 그 크기(scalar)도 알 수 있어요. 벡터를 그리기 위해서는 시작점과 끝점이 있어야 합니다. '나'를 아는 것은 벡터의 시작점을 찍는 것과 같습니다.

시작점이 없으면 목적지를 향해 갈 수가 없습니다. 화살표가 그려지지 않기 때문이죠. 우리 인생도 이와 똑같습니다. 따라서 내가 가려는 목표를 세우기 전에 내 위치를 정확히 알아야 합니다. 그래야만 목표가 어느 방향에 있는지 또 얼마나 가야 하는지를 알 수 있으니까요. 하지만 사람들은 정작 자신에 대해 잘 알지 못하고 알려고 하지도 않기에 어디를 가야 할지, 얼마나 가야 할지 갈피를 못 잡고 갈팡질팡하는 겁니다.

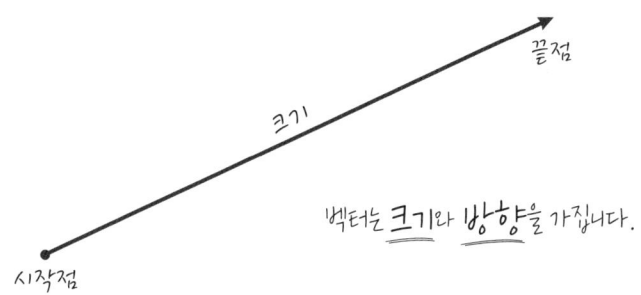

이제 우리는 진짜 나를 돌아보고 중심을 잡아 바로 서야 합니다. 중심을 바로 잡고 힘차게 도는 팽이는 웬만한 충격이 와도 잠시 흔들릴 뿐 쉽게 넘어지지 않고 계속 회전합니다. 나만의 중심을 잡고 싶다면 스스로 물어보시기를 바랍니다. 내가 뭘 잘하고, 뭘 좋아하는지 말이죠. 처음엔 답답하고 갈피를 잡지 못할 겁니다. 괜찮습니다. 어쩌면 이제까지 단 한 번도 생각해보지 않았기에 모르는 것이 당연할 겁니다. 그래도 우리는 끊임없이 스스로 물어보고 답을 찾아가야 합니다. 그렇지 않으면 남들 보기에 좋은 결정을 하게 되고 이 방황은 또 반복될 테니까요.

인생의 목적을 이루기 위해서 내가 누군지를 알아가기를 바랍니다. 내가 누군지, 어디에 있는지도 모른 채 남들이 좋다고 하는 것만 찾아 좇다 보면 목적 없는 성공의 덫에 빠져 허우적대고 있는 자신을 발견하게 될 테니까요.

## 03. 경쟁에서 한발 물러나 되돌아보라

　요즘 의대 열풍이 불면서 '7세 고시'라는 말이 떠돈다는 얘기를 들었습니다. 항간엔 초등학교 가기 전에 한글과 구구단은 기본으로 떼고 들어가야 한다는 생각에 수많은 학부모가 자녀의 손을 잡고 학원을 향하고, 영어를 잘해야 한다는 생각에 영어 유치원을 향합니다. 심지어는 초등 의대 특별반, 미적분 심화반도 개강과 동시에 마감되고, 영어 유치원을 나온 초등학생이 어른도 읽기 힘든 고급 어휘로 가득한 영작문을 한다는 얘기를 들으면 정말 깜짝 놀라곤 합니다.

　일선 현장에 계신 초등학교 선생님들 말씀을 들어보면 문제는 더 심각합니다. 학업 능력만 봤을 때는 분명 엄청나게 앞서 나가고 있음에도 불구하고, 정작 기본적인 생활 습관은 전혀 갖추지 못하고 있다는 거죠. 예를 들면, 수업이 시작되었음에도 자기 자리에 앉을 줄 모르고, 수업 시간에 책을 꺼낼 줄 모르며, 자기 자리 밑에 떨어진 쓰레기를 주울 줄 모르는 경우가 많다고 해요.

　'공부만' 잘하면 된다는 생각에 장차 성인이 되어 독립된 하나의 사회 일원으로 사는 데 필요한 기본기를 갖출 기회는 부모가 전혀 제공하지 못한 거죠. 분명 고급 어휘를 사용한 영어 문장을 잘 쓰긴 하는데, 정작 '공감' 같은 한글 단어의 진짜 의미는 모르고요. 이건 AI가 무슨 의미인지는 모르지만, 일단 수백억 페이지를 읽고 공통점을 찾아내 가장 그럴듯한 문장을 써내는 거대언어모델(Large Language Model) 학습방식을 어린아이에게 적용한 것과 다르지 않습니다.

이쯤 되면 '도대체 뭐가 먼저인가?'라는 의구심이 들게 됩니다. 공부는 또래보다 조금 더 앞서 나갈지는 몰라도 그게 도대체 무엇을 위해, 왜 하는지 스스로 답할 수 있을까요? AI가 대규모 언어모델을 학습해 정해진 틀에 맞춰 찍어내듯 그럴듯하게 영작문은 하지만, 정작 한글 단어의 의미를 모른다면 과연 영어 단어의 진짜 의미를 알기는 할까요? 물론 사람마다 능력이 다르므로 정말 뛰어난 영재라면 이게 가능할 수도 있습니다. 우리나라에서 매해 태어나는 20~30만 명 정도의 아이 중 몇 명이 이런 능력을 갖추고 태어나는 건 확률상 충분히 가능한 일이니까요.

하지만 아이가 그런 능력이 되지 않고, 심지어 아이는 아직 받아들일 준비가 되지 않았는데도 불구하고, 어른들의 욕심에 정교하게 다듬어진 영재는 장기적으로 봤을 때 그렇게 오래갈 수 없는 경우가 많습니다. 자기 가방도 챙길 줄 모르는 아이가 미적분을 풀 줄 아는 것이 무슨 의미가 있나요? 설령 푼다고 한들 이게 무슨 의미인지, 왜 하는지 과연 알기나 할까요? 정말 영재의 능력을 타고난 소수의 아이가 아닌 이상 이런 식의 '빨리빨리'는 오히려 아이에게 부담만 줄 뿐입니다.

사실 이런 일들은 부모의 욕심에 기인한 경우가 대부분입니다. 부모의 욕심으로 인해 아이가 아직 받아들일 준비가 되지 않았음에도 불구하고 억지로 밀어붙이는 거지요. 심지어 자녀가 자신의 기대에 미치지 못하면 배우자를 비난하며 부부간의 갈등이 심화하는 예도 많다고 합니다.

한편으로는 도대체 왜 이렇게 자녀 교육에 올인하는 건지도 생각해보게 됩니다. 표면적으로는 아이가 잘되도록 하기 위함이라고는 하지만, 사실은 자신이 풀지 못한 한을 자녀가 대신해 주길 원하는 걸지도 모릅니다. 그렇다면 아이를 잘 키운다는 게 과연 어떤 건지 생각해보게 됩니다. 남들보다 선행학습 빡세게 시켜서 조금이라도 앞서가고, 좋은 성적 받아 특목고에 보내고, 거기서 조기졸업을 하거나 좋은 성적을 받아 유명 대학에 진학하고, 전문직을 가지도록 하는 것이 진짜로 아이를 잘 키우는 걸까요?

우리가 살아가는 세상은 이미 다양한 삶의 가치를 추구할 줄 아는 인재가 필요하지만, 우리는 고도 성장기였던 지난날 개도국의 방식을 여전히 고수하는 것 같습니다. 그렇다고 해서 유명 대학, 좋은 직장이 불필요하다는 것이 아닙니다. 이건 이 나름대로 분명한 가치가 있으니까요. 중요한 건 선택의 기준이 내가 아닌 남이 되어서, 남들에게 좋아 보이는 선택을 해서는 안 된다는 겁니다. 공부를 잘하는 것도 어제보다 더 나은 내가 되고 싶다는 생각에 스스로 동기부여 되어 나가야지, 남들에게 잘 보이기 위해서 공부를 잘하는 건 결코 지속 가능하지 않기 때문이에요. 세상은 넓고 고수는 많기에 내가 기껏 노력해서 높은 곳에 올라가면, 거기엔 날고 기는 사람들이 당연히 있게 마련이거든요.

예를 들어, 중학교 때 공부를 잘해서 특목고에 진학하면 마치 세상을 다 가진 것만 같은 기분이 듭니다. 하지만 특목고는 중학교 때 공부 좀 한다는 학생들이 모이는 곳이기에 당연히 날고 기는 학생들이 있기 마련이죠. 결국 누군가가 1등을 하면 누군가는 꼴찌를 하게 됩니다. 중학교 때 공부 좀 한다는 소리 듣다가 꼴찌 성적표를 받으면 멘털이 쿠크다스처럼 바스러집니다. 매년 중도에 그만두는 학생들이 한두 명씩 꼭 나오는 이유도 바로 이 때문입니다. 그리고 이런 상황은 나중에 명문대를 진학하건 좋은 회사에 취업하건 정확히 똑같이 반복됩니다.

한편, 지금은 비록 낮은 성적을 받았지만 내가 어딜 향해 나아가야 할지 명확히 바라보고 꾸준히 노력해서 성적을 올리면 같은 꼴찌 성적표를 받더라도 멘털이 쉽게 부서지지 않습니다. 이처럼 같은 상황이라고 하더라도 내가 어떤 마음가짐을 가지고 있느냐에 따라 이렇게 다른 결과를 내게 됩니다.

요즘 많은 사람이 게임을 즐기고 있습니다. 심지어 스포츠 분야에서도 e-스포츠라는 이름으로 점점 더 확산하고 있죠. 이렇게 게임 산업이 확산할수록 더욱 다양하고 흥미로운 게임들이 출시되는데, 게임을 설계할 때 반드시 지키는 규칙이 하나 있습니다. 그건 바로 난이도가 쉬운 것부터 시작해서 조금씩 어렵게 만든다는 겁니다. 만약 튜토리얼 없이 처음부터 끝판왕을 만나도록 만들면, 대부분 사용자는 게임이 너무 어렵다며 중간에 포기하고 말 겁니다. 이런 게임은 인기를 얻을 수 없죠.

이처럼 게임이 너무 어려워 계속 즐기기 어렵다면 다른 게임을 선택하거나 안 하면 되지만, 안타깝게도 우리 인생은 그렇지 않습니다. 좋건 싫건 살아 나가야 하기 때문이죠. 그런데 우리 사회는 모든 구성원이 어쩌면 절대 깰 수 없을 만큼의 높은 목표치를 설정하고 거길 오르기 위해 서로 상대의 머리를 밟고 올라서는 끝없는 경쟁을 하는 것은 아닌지 모르겠습니다.

행복은 멀리 있는 것이 아니라 사실 내 마음속에 이미 가지고 있습니다. 그리고 이미 내 안에 가지고 있는 행복은 내가 어떤 의미를 부여하느냐에 따라 행복이 되기도 하고, 불행이 되기도 합니다. 이처럼 가진 것을 소중히 생각하고 감사한 마음을 가지면, 살면서 반드시 겪게 되는 다양한 외부 자극에 쉽게 흔들리지 않습니다. 하지만 이런 중심을 가지지 못하면 쉽게 흔들리게 되지요. 문제는 이렇게 내 안에 중심을 잡지 못하면 외부 자극에 흔들리는 걸로 끝나는 것이 아니라 남을 깎아내리고 험담하며 삶을 피폐하게 만든다는 겁니다.

가장 대표적인 예가 크랩 마인드(Crab Mentality Disease)라고 불리는 현상입니다. 게를 양동이에 담아 놓으면 어느 한 마리가 양동이를 탈출하기 위해 기어오릅니다. 만약 혼자 놔두면 어떻게든 탈출할 수 있을 텐데, 꼭 다른 게들이 잡아 끌어내려 결국 아무도 양동이

밖으로 탈출하지 못하게 되는 걸 일컫는 말입니다. 이런 현상을 심리학에서는 '반동 형성'이라고도 하는데, 내가 가지지 못한 걸 보면 그걸 이루기 위해 노력하는 것이 아니라 반대되는 행동을 하는 겁니다.

도대체 왜 이럴까요? 그건 바로 내가 노력해서 성장하는 것보다 남을 끌어내리는 것이 훨씬 더 쉽고 간단하기 때문입니다. 내가 반드시 양동이를 기어 올라가 탈출해서 꽃게탕이 되는 신세를 면하겠다는 강한 신념이 있다면 어떠한 상황에서도 이걸 이겨낼 테지만, 그냥 남들보다 나은 삶만을 원한다면, 지금 내가 있는 곳이 양동이인지 돌멩이인지 알지도 못하고 그냥 남을 짓밟고 올라서려고만 하게 됩니다. 그리고 나는 못 오르는데 누군가 오르는 모습을 보면 심술부리며 잡아 끌어내리고요.

이런 삶은 생각만 해도 너무 비참하지 않습니까? 도대체 우리는 어디를 향해 나가고 있는 건가요? 그저 남들보다 더 나은 삶을 살아가는 건 스스로 끝없는 굴레에 자신을 빠뜨리는 것과 같습니다. 그러니 어딜 향해 나아가는지도 모른 채 무작정 경쟁에 달려들기보다 한발 물러서서 내가 지금 어디에 서 있는지, 어딜 향해 나아가려고 하는지, 거길 왜 가려고 하는지를 곰곰이 생각해볼 필요가 있습니다.

## 04. 진정한 성공을 만드는 관점의 전환

　사람들은 누구나 마음속에 콤플렉스가 하나씩은 있기 마련입니다. 콤플렉스의 종류는 키, 생김새, 몸무게, 학력, 재력 등과 같이 정말 다양하죠. 저의 콤플렉스도 살짝 알려드리자면 제 옆머리에는 새끼손톱만 한 작은 원형탈모가 있습니다. 제가 중학생이던 시절에는 머리를 짧게 잘라야 했는데, 그때야 비로소 알게 된 거라 언제 생긴 건지도 모릅니다. 지금이야 머리를 그렇게 짧게 자르지 않기에 별로 문제 되지 않지만, 당시에는 머리에 작은 원형탈모가 그렇게 창피할 수가 없었습니다. 물론 지금도 굳이 드러내고 싶지는 않은 신체 비밀이기도 하지요.

　생각해보면 우리가 가진 콤플렉스들은 내가 어찌할 수 없는 경우가 대부분입니다. 제 원형탈모도 언제 어떻게 생긴 건지 알 수도 없거니와 이미 생긴 거라 제가 어찌할 수가 없습니다. 하지만 '원형 탈모가 왜 하필 내게 생겨서!'라며 신세 한탄만 하는 건 제게 아무런 도움이 되지 않습니다. 이는 마치 스스로 무거운 쇳덩어리를 쇠사슬로 발목에 매다는 꼴이죠. 따라서 이 쇠사슬을 끊어내야만 합니다. 콤플렉스를 해결하는 방법은 단 하나입니다. 바로 내게 주어진 현실을 있는 그대로 받아들이고, 더 나은 내가 되기 위해 무엇을 해야 하는지에 집중하는 겁니다.

제가 사회 초년생을 갓 벗어나던 시절, 같이 일하던 직원 A가 있었습니다. A는 회사 내에서 계약직 신분인 데다 소위 말해 간판이 좋은 학교 출신이 아니라는 것에 큰 콤플렉스가 있었습니다. 그러던 어느 날, A는 동료 B가 명문 대학을 나왔다는 사실을 알게 되었습니다. 가뜩이나 학벌 콤플렉스가 있던 A는 B 앞에서 더더욱 움츠러들었고, 급기야는 굉장한 스트레스를 받기 시작했습니다. A는 작은 실수를 하더라도 '내가 학벌이 좋지 못해 그런 게 아닐까?'라며 자책했고, B가 상사에게 칭찬받는 모습을 보면 '역시 명문대 출신이라 다르구나'라며 위축되었죠.

하염없이 움츠러드는 A를 보다 못한 선배 C가 힘을 실어주기 위해 이렇게 말해주었습니다. "명문대 나왔어도 지금 같은 회사 다니고 있잖아. 들어오면 다 똑같아"라고 말이죠. 만약 여러분이었다면 이 말을 듣고 어땠을 것 같나요? 안타깝지만 저는 이게 그다지 도움 되는 말은 아니라고 생각합니다. 마치 '언 발에 오줌 누기'처럼 지금 당장은 따뜻할지 몰라도 A가 가진 콤플렉스의 근본적인 해결책이 되지 않으니까요.

자기가 나온 학교에 100% 만족하는 사람이 얼마나 될까요? 지방대를 나온 사람은 서울, 수도권 대학을 부러워하고, 수도권 대학 나온 사람은 인 서울 대학을, 인 서울 대학 나온 사람은 SKY, 서카포를 부러워하겠죠. SKY, 서카포를 나온 사람인들 학벌 콤플렉스가 없을까요? 결국 이런 생각은 스스로를 끝이 없는 구렁텅이에 빠뜨리는 것입니다. 마지막에 패배감만이 기다리고 있는 불행한 게임을 시작하는 셈이죠.

자신이 나온 학교는 제 머리에 원형탈모가 이미 생긴 것처럼 이미 정해진 거고 바꿀 수 없는 현실입니다. 누구도 1등급을 맞아야 갈 수 있는 학교를 나온 사람과 5등급을 받아도 갈 수 있는 학교를 나온 사람의 실력이 같다고 하지 않습니다. 고등학교 때까지 쏟아부은 노력의 정도가 다른데 어떻게 같다고 할 수 있겠어요. 실제로 학력이 업무 실력과 완벽하게 비례하지는 않지만, 그 위치에 올라서기까지 들였던 노력의 결과가 헛되지 않기에 어느 정도 실력 차이가 나는 것도 사실입니다.

제가 이렇게 말한다고 해서 학벌주의를 부추기겠다는 것이 아닙니다. 오히려 저는 이런 차이를 냉정하게 있는 그대로 받아들여야만 성장의 발판으로 삼을 수 있다는 것을 말씀드리려는 겁니다. 누구나 인정하는 실력 차이를 자신도 인정해야 거기서부터 변화가 시작되기 때문이죠.

만약 학벌이 큰 콤플렉스라면 일단 나의 못난 모습을 인정해야 합니다. 명문대를 나온 사람은 내가 공부 안 하고 놀 때 치열하게 공부했기에 좋은 대학을 간 거고, 나는 공부해야 할 때 하지 않고 놀았던 대가를 지금 치르는 거라고 말이죠. 이걸 인정하지 않는 것은 어떠한 노력도 들이지 않고 결과만 얻겠다는 태도이기에 성장도 할 수 없습니다. 대신, 그 결과는 겸허히 받아들이고 지금 내가 할 수 있는 것에 집중해야 합니다. 진짜 학벌이 콤플렉스라면 그걸 해소할 수 있는 방법을 찾아 실천으로 옮겨야 합니다. 신세 한탄만 하고 그걸 해결하려는 노력을 하지 않는다면 이 상황은 절대 해소되지 않으니까요.

학벌 콤플렉스를 해소하기 위해 유명 대학의 대학원 진학을 선택하기도 하지만 저는 그보다 진짜 실력을 키워보라고 말씀드리고 싶습니다. 진짜 실력을 키우는 방법 중 대학원을 가는 거라면 괜찮은데, 만약 간판 갈이를 위해 대학원을 가는 거라면 말리고 싶습니다. 왜냐하면 이런 마음가짐으로는 대학원의 힘든 학위 과정을 제대로 이수하기도 어렵고, 논문이라는 마지막 난관을 넘어서기가 매우 어려워 결국 또 다른 편법을 찾아 헤매게 될 것이 뻔하기 때문입니다.

결국 이 모든 것들이 진짜 나와의 대화를 통해 내가 진정 바라는 것이 무엇인지를 바라봐야만 해결될 수 있습니다. 내가 콤플렉스라고 여기는 것들이 어디서 온 건지 말이죠. 왜 학벌에 콤플렉스가 있는지 스스로에게 물어봐야 합니다. 명문 대학에서 수준 높은 교육을 받아 깊은 학식을 가지고 세상의 진리를 탐구하고 싶은 건지, 아니면 남들 앞에서 '나 명문대 나왔어'라고 자랑하고 싶은 건지 진지하게 그리고 치열하게 물어보고 또 물어봐야 합니다.

물론 나의 못난 모습을 있는 그대로 바라보고 인정하는 건 결코 쉬운 일이 아닙니다. 그러나 내 치부를 드러내놓는 순간부터 더 이상 그건 내게 치부가 되지 않습니다. 저도 용기 내어 제 신체 콤플렉스인 원형탈모를 이렇게 지면에 드러내었고, 이제 저는 제 콤플렉스로부터 자유로워져 앞으로 나아갈 수 있게 되었습니다. 이게 바로 나의 못난 모습을 인정함으로써 나를 옭아매던 무거운 무게추와 쇠사슬을 끊어내는 과정입니다. 변화의 시작이죠.

이미 지나간 과거는 내가 어떻게 할 수 없습니다. 이미 엎질러진 물이죠. 하지만 엎질러진 물을 얼른 닦아 내고 더 나은 나로 성장해나갈 것인지, 물에 젖어 우그러지기 시작한 종이를 바라보며 후회만 하고 있을 것인지는 전적으로 지금 내 선택과 행동에 달려 있습니다. 우리는 모두 엄청난 역량을 가지고 있습니다. 이렇게 뛰어난 능력을 갖춘 자신을 혹여 과거에 스스로 옭아매고 있는 것은 아닌지 한 번 되돌아보기를 바랍니다.

설령 과거에 안 좋은 경험을 했다고 하더라도, 내가 가진 여러 가지 콤플렉스로 움츠러들더라도 그게 자신을 규정하는 것이 될 수는 없습니다. 대신 우리는 그걸 반면교사 삼아 이 경험, 이 콤플렉스에서 무엇을 배울 수 있는지, 어떻게 해야 이걸 성장의 발판 삼아 앞으로 나아갈 수 있는지를 생각하는 것이 훨씬 건설적입니다. 후회한다고 과거가 달라질 수만 있다면 저는 그 누구보다 후회를 잘할 자신 있습니다. 하지만 그렇다고 달라지는 건 없잖아요. 그러니 지금 내가 무엇을 해야 할지, 여기에만 집중하면 됩니다.

누구나 한 번쯤은 이성과의 이별을 경험합니다. 이별의 순간에는 참 마음이 아프고 형언할 수 없는 고통의 나날들을 보냅니다. 애꿎은 친구를 붙잡고 슬픈 감정을 털어놓다 보면 점차 내 마음도 가벼

워지는 걸 느낄 수 있습니다. 시간이 한참 지나고 나면 당시의 상황과 감정을 객관적으로 이야기할 수 있죠. 이처럼 내 감정에 대해 자꾸 이야기하고 표현하는 것은 감정을 객관적으로 바라보는 데 큰 도움이 됩니다. 이는 마치 물병을 눈앞에 바짝 대면 모양을 자세히 묘사할 수 없는 이치와 같습니다. 물병을 묘사하기 위해서는 오히려 물병을 눈에서 점차 멀리 떨어뜨려야만 하죠.

이렇게 감정과 욕구를 객관적으로 바라보고, 나의 못난 점을 있는 그대로 바라볼 수 있는 가장 확실한 방법은 바로 '일기 쓰기'입니다. 이는 저의 개인적인 의견뿐만 아니라 다수의 심리학자와 신경정신과 의사 선생님께서도 한목소리로 하는 말씀입니다. 어쩌면 너무 뻔한 얘기를 한다고 비웃으실지도 모릅니다. 그래서 대부분 이걸 하지 않습니다. 다이어리를 사는 데 큰돈이 드는 것도 아니고 일기를 쓰는 데 몇 시간씩 걸리는 것도 아닌데 하지 않을 이유가 없잖아요.

일기를 쓰면 나를 객관적인 시선에서 바라볼 수 있고 그동안 나를 옭아매던 학벌과 같은 콤플렉스에서 조금씩 멀어질 수 있습니다. 관점을 바꾸고 행동을 바꾸려면 꾸준히 일기를 써나가며 나를 객관적으로 바라봐야 합니다. 이를 통해 내 관점과 행동을 개선하는 경험을 해나가면 점차 변화가 일어나기 때문이죠.

"내가 비록 학교는 좀 안 좋은데 나왔지만, 나는 몸이 건강하고, 운동도 잘하고, 사람들 앞에서 노래도 잘해. 핸드폰 요금이랑 월세도 안 밀리고 낼 수 있는 여력도 있고, 우리 부모님께 자랑스러운 아들이야. 이 정도면 나 꽤 괜찮게 살고 있잖아. 나 진짜 괜찮은 사람이야. 난 앞으로 더 멋진 삶을 살 거야." 이렇게 관점을 바꿔보세요. 일기를 쓰면 내 관점의 변화가 일어나고, 다른 것도 해낼 수 있는 자신감이 생길 테니까요.

## 05. 천천히 가더라도 내 방식이어야 한다

 운동을 배울 때 어떤 종목이든 꼭 듣는 말이 있습니다. 바로 "힘 빼세요"라는 말입니다. 요가를 배우거나 PT를 받거나 정말 빠지지 않고 강사님께 듣는 말입니다. 운동을 처음 배울 땐 제대로 된 자세로 해야 하는데, 긴장해서 힘을 주면 바른 동작을 할 수 없게 됩니다. 이렇게 하면 결국 근육에 알이 배기거나 자칫 다치게 되기도 하지요.
 그렇다면 우리는 왜 이렇게 불필요하게 힘을 주게 될까요? 그건 잘하고 싶다는 욕심에 내 실력 이상으로 하려고 하기 때문입니다. 우리가 무엇을 하든 처음에는 누구나 초짜입니다. 초짜는 당연히 실력이 형편없지만, 의욕만은 이미 프로이기에 마음만 앞섭니다. 내 의욕은 저만치 앞서가는데, 실제 내 실력은 바닥을 기고 있으니 그 차이만큼 조바심이 나고 필요 이상으로 힘을 줄 수밖에 없는 거죠.
 운동, 공부, 악기 연주 등 무엇을 하든 잘하는 방법은 정해져 있습니다. 그건 바로 기초부터 차근차근 실력을 쌓아 올리는 겁니다. 여기엔 어떠한 지름길도 없습니다. 실력은 오로지 내가 연습하고 노력한 만큼 아주 정직하게 비례해 늘어납니다. 문제는 많은 사람이 노력은 1만큼 해놓고 실력은 10만큼 늘기를 원한다는 거죠. 그러니 조급함이 생기고, 속성을 찾고, 편법을 찾게 되는 겁니다. 이런 수요가 있으니 족집게 강의, 속성 강의 같은 것들이 우후죽순 생겨나고 그 말에 혹해서 우르르 쫓아가 수강하지만, 안타깝게도 실력을 쌓는 방법은 아주 정직합니다. 결국 내가 내 힘으로 바닥부터 차곡차곡 실력을 쌓아가는 방법밖에 없습니다.

설령 손쉬운 방법으로 다 잘할 수 있는 거라면 이 또한 경계해야 합니다. 단기간에 손쉽게 정상에 오를 수 있는 분야라면 다른 사람들도 다 손쉽게 진입할 수 있는 분야라는 뜻이니까요. 결국 금방 치열한 경쟁에 노출될 수밖에 없습니다. 의사, 약사, 세무사, 회계사, 기술사와 같은 전문 직종의 소득이 왜 높을지를 생각해보시면 이해가 될 겁니다. 일반인은 감히 상상도 할 수 없는 어마어마한 양의 공부와 엄청난 강도의 수련을 해내야만 가능한 자리이기 때문입니다. 이른바 진입장벽이 매우 높은 직종이죠. 이런 건 여러분들이 각자 남들보다 잘하는 것들을 생각해봐도 알 수 있습니다. 요리, 그림 그리기, 악기 연주 같은 것들 말입니다. 그걸 처음 하는 사람이 지금 여러분들만큼 하고 싶어 한다면 그게 하루이틀 만에 되겠어요? 당연히 안되죠. 무언가를 잘하기 위해서는 축적의 시간이 필요합니다.

한편, 이렇게 내 실력을 차곡차곡 쌓아가더라도 주위를 돌아보면 자꾸 나보다 잘하는 다른 사람에게 눈길이 가기 마련입니다. 사람마다 실력이 다 다르기에 당연히 나보다 못한 사람도 있겠지만 우리의 시선은 항상 앞을 향하고 있기에 나보다 나은 사람이 눈에 들어올 수밖에 없습니다. 이처럼 나보다 빠른 사람, 나보다 앞서 나가는 사람을 보면 조바심이 나고 그 사람보다 못한 실력을 한탄하며 속이 상하기도 합니다.

그러나 이렇게 조바심이 드는 건 내 실력 향상에 그다지 도움이 되지 않습니다. 왜냐하면 어제보다 더 나은 내가 되도록 지금, 이 순간에 최선을 다해야만 꾸준히 성장해 갈 수 있기 때문입니다. 이건 우리가 산에 오를 때도, 마라톤할 때도 똑같습니다. 분명 같이 출발했음에도 불구하고 누군가는 나를 앞질러 성큼성큼 앞으로 나아갑니다. 나도 앞으로 나아가고 있기에 나를 앞질러 점점 멀어져 가는 사람을 보고 있으면 더 속도를 내고 싶고, 더 빨리 나아가고 싶은 마음이 들기 마련입니다. 그렇다고 해서 욕심을 부려 그 사람을 애써 쫓아가려고 하면 결국 포기하게 됩니다. 잠깐 속도를 더 낼 수는 있겠지만, 이내 숨이 차오르고 다리가 풀려 더 이상 갈 힘조차 완전히 다 잃어버리게 되니까요. 이게 바로 우리가 조바심을 내다가 결국 오버 페이스를 해서 중간에 포기하는 이유입니다.

저는 회사에서 징계받고 난 이후 도저히 빠져나올 수 없을 것 같은 수렁에 빠져 허우적대는 듯한 고통스러운 나날을 보냈습니다. 한참의 시간이 지나 겨우 수렁에서 빠져나와 숨 고르기를 하며 온몸이 진흙투성이가 되고 여기저기 생채기가 난 자신을 돌아보게 되었습니다. 그제야 비로소 그동안 너무 회사만 생각하고 정작 내 생각은 안 하고 살아왔다는 것을, 회사가 나를 책임져주지 않는다는 당연한 사실을 깨닫고 주변을 돌아보기 시작했습니다. 한참 부동산 열풍이 불 때였습니다. 주위를 둘러보니 사람들이 부동산으로 손쉽게 부를 거머쥐는 것처럼 보였습니다. 저도 '그래, 이거다!' 싶어서 여러 부동산 강의를 듣기 시작했고, 종잣돈을 모아야 한다며 극도로 지출을 통제하기 시작했으며, 주말마다 임장하러 다녔습니다. 매일 늦은 밤까지 지역분석을 위해 각종 자료를 검토하고 정리하는 나날을 보내곤 했습니다.

당시에는 나만의 WHY를 찾았다고 생각해 무섭게 몰입하기 시작했고, 시간이 지날수록 아이와 가정에 소홀하게 되었습니다. 심지어 아내의 생일도 잊은 채 임장을 가려는 제 모습에 결국 아내의 불호령이 떨어졌습니다. 그제야 정신이 번쩍 들었습니다. 이 사건을 계기로 도대체 뭐가 중요한 건지, 뭐가 우선인지 다시 한번 자신을 되돌아보게 되었습니다. 종잣돈을 모으고, 지역분석을 하고, 임장을 통해 그 지역을 알아가는 것은 부동산 투자를 위해 당연히 해야 하는 기본적인 부분임에는 틀림이 없습니다. 그러나 제게 맞는 방법은 아니었습니다. 가족이라는 유리공을 깨뜨릴 정도로 해야 하는 것은 아니었으니까요. 결국 저도 내 안의 진짜 욕망이 아닌 남들에게 좋아 보이는 욕망을 찾아 달려가다 탈이 난 것이었습니다.

우리 인생은 마라톤과 같은 장거리 경주입니다. 나중에 쓰러져도 좋으니 10여 초간 바짝 달리고 마는 단거리 경주가 아니라는 겁니다. 따라서 내가 가진 체력을 잘 안배해서 우리 인생이라는 장거리 경주를 끝까지 완주해야 합니다. 그러기 위해서는 나만의 방식으로 나만의 속도로 나아가야 합니다. 그런데 저는 그러지 못하고 남들처럼 단시간에 부를 거머쥐고 싶어 제 수준은 생각하지 않은 채 오버 페이스를 한 거였습니다. 하지만 괜찮습니다. 이 또한 제가 살아온 과정의 일부고, 그 과정에서 배운 것도 많았기 때문입니다. 무엇보다 이 경험을 통해 그러면 안 된다는 걸 깨달았습니다.

이처럼 나를 제대로 돌아보지 못하고 남들이 좋다는 것, 남들 보기에 좋아 보이는 것에만 집중해 달려가니 제가 그랬던 것처럼 자꾸 스텝이 꼬이고, 가다가 어려움이 닥치면 '생각해보니 내가 이거 진짜 좋아하는 건 아니었잖아?'라고 자신을 합리화하며 중간에 그만두는 겁니다.

저는 가진 것이 많은 사람이라고 생각합니다. 가진 것이라는 게 비단 물질적인 것뿐만 아니라 가진 재능과 장점 등을 모두 포함하는 겁니다. 그래서 가진 것을 주변에 나누며 저 혼자만 잘 되는 것이 아니라 다른 사람들과 함께 성장하고 싶습니다. 지금 이 책을 쓰는 이유도 바로 이와 같은 맥락입니다. 따라서 우리는 자신이 가지지 못한 것에 집중하기보다 가진 것을 어떻게 하면 더 강화할 수 있을지에 집중해야 합니다. 대부분은 잘하는 것을 더 발전시키기보다 못하는 것에 더 집중하는 경향이 있습니다. 하지만 우리가 가진 시간과 에너지에는 한계가 있기에 내가 잘하는 거에 더 집중하는 것이 시간 투입 대비 훨씬 더 효과가 있습니다. 어차피 우리는 모든 것을 다 잘할 수 없기 때문이죠.

 이세돌 9단은 천재적인 바둑 실력을 갖추고 있지만 류현진 선수만큼 공을 잘 던지진 못할 것입니다. 그렇다고 해서 이세돌 9단이 자신의 부족한 야구 실력을 키우기 위해 바둑 훈련을 뒤로 미룬 채 야구 훈련에 집중해야 할까요? 당연히 말이 안 되는 소리라고 할 겁니다. 그런데 이렇게 말이 안 되는 선택과 행동을 우리는 매일 하고 있습니다.

 따라서 우리는 남들의 시선에 맞춰 인생을 살아가는 것이 아니라 진짜 내 안의 욕망과 목소리에 귀를 기울여 진짜 내 삶을 살아가야 합니다. 남들이 좋다고 하는 것에 휩쓸려 가는 것이 아니라 진짜 원하는 것을 찾기 위해 끊임없이 자신에게 물어보고 다양하게 시도하며 나만의 방식, 나만의 방향으로 나아가야 합니다. 우리는 모두 남의 인생을 사는 것이 아니라 나의 인생을 살아가야 하기 때문이죠.

## 06. 성공과 행복은 반드시 일치하지 않는다

살아가다 보면 희한하게 항상 부족함을 느끼곤 합니다. 분명 예전보다 여건이 더 좋아졌음에도 불구하고 말이죠. 예전보다 더 좋은 집에 살고 있는데 내 집보다 더 좋은 집이 보이고, 예전에는 없던 차가 있는데 더 좋은 차가 눈에 들어오고, 전보다 더 나은 모델의 핸드폰을 쓰고 있는데 최신 핸드폰을 보면 불만족이 생기죠. 사람은 늘 지금보다 더 나은 걸 바라보게 되어 있습니다. 그래서 절대적인 여건은 예전보다 분명 나아졌음에도 더 나은 게 눈에 들어오게 되는 거죠.

20세기 세계 철학계를 대표했던 독일 철학자 마르틴 하이데거는 인간이 자신의 유한성과 죽음의 불가피성에 직면할 때 비로소 실존적 불안을 경험한다고 강조했습니다. 이런 유한성으로 인해 우리는 부족함을 느끼기도 하지만 반대로 이런 유한성 덕분에 더 나은 삶을 살아가기 위한 노력을 해나갈 수 있는 겁니다.

따라서 부족함을 느끼는 게 꼭 나쁜 것만은 아닙니다. 부족함 덕분에 우리는 더 나은 내가 되기 위해 노력하고, 그 과정에서 성장할 수 있기 때문이죠. 신기하게도 이런 삶의 태도를 가지면 설령 삶에서 부족함을 느끼더라도 '그런가 보다' 하고 무던하게 넘길 수 있고, 부족함을 채우는 과정에서 성취감도 느낄 수 있다는 겁니다. 단지 내가 가지지 못한 것을 가지고 싶어 하는 욕망에 얽매이지 않게 되거든요. 그래서 우리는 각자의 방법으로 성공을 향해 나아가는 노력을 해나가고 있습니다. 문제는 우리가 원하는 성공과 행복이 반드시 일치하는 게 아니라는 겁니다. 특히 지금 우리는 부지런함과 효율성에 대한 패러다임이 빠르게 바뀌고 있는 시기에 살고 있습니다.

흔히 '베이비부머'로 불리는 세대는 굉장히 못사는 나라에서 태어나서 고도 성장기를 겪으신 분들입니다. 우리나라에서는 전후 세대에 태어난 사람들을 가리키는데요. 자신만 못사는 게 아니고 다 못살았기 때문에 모두 잘살기 위해 정말 애를 쓰셨죠. 폭발적으로 성장하는 사회에서 더 나은 일자리를 얻을 수 있는 가장 확실한 방법은 공부 열심히 해서 좋은 대학에 가는 거였습니다. 그때는 대학 진학률이 높지 않았기에 일부 선택받은 사람들만이 대학에 갈 수 있었으며, 대학만 나오면 좋은 직장에 취업이 보장되는 시기였습니다. 그래서 부모님들은 쥐어패서라도 자식들을 공부시켰고, 실제로 그게 먹히던 시절이었습니다.

당시 우리나라는 무언가를 제조해서 수출하는 2차 산업이 주를 이뤘기 때문에 엄격한 규범을 반드시 준수하는 것이 꽤 중요했습니다. 그래서 조직문화도 사회문화도 철저한 위계 구조에 따라 돌아가는 것이 당연했습니다. 또한 그 당시에는 한 번 가진 직업을 정년퇴직할 때까지 유지하는 것도 일반적이었죠. 이런 산업화 시대에는 일하는 시간과 생산성이 비례했기에 오랫동안 열심히 일하는 것이 미덕이 되던 시기였습니다. 그래서 새벽같이 일어나 일터로 향하고, 밤늦은 시간까지 일하는 게 성실함의 상징이었습니다.

 한국전쟁 이후 온 국토가 초토화되어 주변을 둘러보면 정말 아무것도 없고 가진 거라곤 몸뚱이밖에 없던 시절, 우리 부모님 세대는 자기 노동력을 갈아 넣어 자식들을 키우고 재산도 불리고 했죠. 못살던 나라에서 고도 성장기를 겪던 시기에는 이 방법이 통했고, 그래서 앞뒤 안 보고 열심히 하면 되었습니다. 하지만 지금은 세상이 변했고, 우리나라가 더 이상 못사는 나라도 아니며, 절대적 빈곤이 아닌 상대적 빈곤에 힘들어하는 세상이 되었습니다. 지금은 모든 것이 디지털화되고 빠르게 변하고 있으며, 심지어 AI가 도입되어 일을 잘하는 것에 대한 근본적인 패러다임이 바뀌고 있죠. 예전엔 정해진 일을 누가 얼마나 빨리 잘하는지가 중요했지만, 더 이상 성실히 일하는 것만으로는 일을 잘한다고 할 수 없어요.

 지금은 10명 중 8명가량이 대학에 진학하고 있고, 예전과 달리 대학을 졸업했다고 취업이 보장되지도 않으며, 설령 취업한다고 해도 그 직무, 그 직종으로 정년까지 갈 거로 생각하는 젊은이들은 거의 없습니다. 그런데도 부모님, 선생님 그리고 사회 저변에 깔린 규범은 여전히 과거의 인식에 머물러 있습니다. 따라서 자식이 제대로 자리 잡지 못하면 '사교육을 빡세게 시켜서 더 좋은 학교를 보내야 했나?'라는 생각을 합니다. 그래서 이미 성인이 된 대학생에게도, 심지어 대학을 졸업했기에 죽이 되건 밥이 되건 스스로 자기 앞길을 헤쳐 나가도록 내보내야 함에도 여전히 무언가를 챙겨주려고 합니다.

많은 사람에게 이런 인식이 팽배하다 보니 공교육은 더 이상 믿지 못할 대상이 되어 버리고, 어떻게 하면 더 좋은 교육을 해 더 나은 학교에 보내 자신이 겪은 고생을 자식은 안 하게 할 것인지를 걱정하며 사교육 시장에 올인하게 됩니다. 이런 학부모의 니즈가 있다 보니 사교육 시장은 당연히 그에 부응해 더 나은 교육 서비스를 제공합니다. 초등학교 때부터 유명 학원에 보내기 위해 줄을 서고, 그 학원 수업을 따라가기 위한 과외가 생기며, 초등 의대반, 영어 유치원, 7세 고시, 5세 고시라는 말이 판을 치는 겁니다.

우리는 의대와 SKY에 간 학생이 많은 고등학교를 보면 '저 학교 좋은 곳이구나'라며 부러워합니다. 이처럼 뜨거운 교육열 덕분에 우리나라 청소년들의 수학, 과학 학업 성취도는 경제협력개발기구(OECD) 37개국 중 최상위권을 유지하고 있지만, 교우관계, 자주성, 여가생활은 최하위권에 머무르고 있다는 조사 결과가 있습니다. 그저 공부만 잘하면 된다는 생각에 학업성적은 뛰어나지만, 교우와 어울릴 줄도 모르고 감정을 교류할 줄도 모르는 기형적인 어른으로 키워가고 있는 현실입니다.

이렇게 성적과 학벌을 그 어떤 가치보다 최우선으로 해서 키우는 것은 과거에나 통하던 방식입니다. 산업현장에서 AI의 사용이 본격화되는 지금, 이제까지 무언가를 따라 하고 모방하던 일자리는 지금, 이 순간에도 빠르게 없어지고 있거든요. 우리는 이제껏 정해진 정답을 내기 위해 실수 안 하는 게임을 치열하게 해왔습니다. 그러나 우리가 앞으로 살아가야 할 미래는 그런 세상이 아닙니다. 남들을 따라 하는 것이 아니라 정해진 틀을 벗어나 스스로 길을 찾아갈 줄 아는 능력, 스스로 틀을 만들어 나갈 줄 아는 능력이 필요한 세상이지요.

영화를 보다 보면, 지뢰를 밟아 발을 떼지 못하고 안절부절못하는 장면이 나오곤 합니다. 하지만 이건 영화의 설정일 뿐, 진짜 지뢰는 밟으면 바로 터집니다. 굉장히 무섭죠. 지뢰가 매설된 지역에 들어갔을 때 살아남을 수 있는 가장 확실한 방법이 있습니다. 그건 바로 앞사람의 발자국을 그대로 밟고 가는 겁니다. 그런데 더 이상 앞사람의 발자국이 없다면 어떻게 해야 할까요? 이때부터는 어디에 지뢰가 있는지 확실히 알 수가 없기에 온전히 자기가 가진 실력으로만 지뢰밭을 뚫고 나아가야만 합니다.

예전에 못살던 시절에는 선진국에서 기술을 배울 수 있었지만, 이제는 누가 알려주지 않습니다. 이게 지금 우리가 처한 현실이 아닐까요? 그런데도 여전히 학교에서, 가정에서 답이 정해진 것만 열심히 하면 된다는 걸 강조하는 교육을 하는 건 아닌지 냉정하게 되돌아볼 필요가 있습니다.

이제는 내가 가려는 길이 진정으로 내가 원하는 것인지, 삶의 이유가 무엇인지에 대해 자신에게 진지하게 물어봐야 합니다. 그렇지 않고 남들이 좋다고 해서 따라 하게 되면 외형적으로는 분명 성공한 모습인데, 마음속은 썩어 문드러져 있는 것을 발견하게 됩니다. 사과가 안에서 썩기 시작하면 겉은 멀쩡해 보여도 먹을 수 없습니다. 그리고 머지않아 겉까지 다 썩게 됩니다. 남들 보기에 괜찮은 모습을 따라가지 말고, 진짜 내가 좋아하고 행복해하는 모습을 찾아가시기를 바랍니다. 그래야 성공과 행복이 함께 따라오게 될 테니까요.

## 07. 지속 가능한 것이 진짜다

  혹시 '물 도둑'이라고 들어보셨나요?

  한때 우리나라를 가로지르는 거대한 송유관에 구멍을 뚫어 기름을 훔치는 기름 도둑이 있다는 말은 들어봤어도, 물 도둑이라는 말은 들어보신 적은 없을 겁니다. 저는 얼마 전 한 국제기구에 전문가로 초청받아 아프리카의 물 부족 문제를 해결하기 위해 케냐에 다녀왔습니다. 아프리카 국가들이 심각한 물 부족을 겪고 있다는 사실은 익히 알고 있었지만, 실제 현장에서 마주한 현실은 제가 머릿속으로 생각한 것들보다 훨씬 더 참혹했습니다.

  '태극 전사'라는 한글이 선명히 적힌 빨간 티셔츠를 입고 어디서 흘러나오는 건지 알 수 없는 희멀건 구정물이 흐르는 냇가에서 너무나도 태연히 씻고 있는 아이들. 나이로비 댐이라는 곳은 상류의 슬럼가에서 쏟아져 나오는 온갖 쓰레기와 오물이 쌓여 댐의 기능을 상실한 지 오래고, 물이 있어야 할 댐 상류는 쓰레기 습지가 되어 그 위에서 사람들이 농작물을 경작하고 있었습니다. 이뿐만 아니라 강가 옆 쓰레기 더미 위에는 판잣집이 빼곡하게 들어서 있고, 여기서 배출되는 각종 오수와 쓰레기는 그대로 강에 흘러 들어가 강은 우리가 상상할 수 없을 정도로 심각하게 오염되어 있었습니다.

상황이 이 지경이니 상수도 보급은 언감생심 지하수마저 심각하게 오염되어 반도체 공장에서나 쓸법한 초순수 제조 장치로 정수한 물을 비싼 돈을 내고 마셔야만 했습니다. 게다가 초순수 제조 장치를 가동할 때 생기는 폐수는 잘 모아서 처리해야 하는데 그냥 버려지니 하천과 지하수가 더욱 오염되는 악순환이 벌어지고 있었죠.

더군다나 수도 나이로비는 인구가 빠르게 증가하고 있는 데다 기후변화로 강수량은 점점 더 줄어드니 물은 더욱 오염되고, 수량은 더더욱 부족한 상황이었습니다. 그러다 보니 하수처리장으로 흘러가는 하수관에 구멍을 뚫어 훔친 물로 논과 밭에 물을 대는 물도둑이 기승을 부리는 거였죠. 상황이 이 지경이니 하수처리는 제대로 될 리 없고, 그나마 있는 하수처리장도 운영 상태가 아주 열악했습니다. 하수처리장에서 처리된 물이 우리나라의 하수처리장에 유입되는 물보다 몇 배는 더 지저분하니 말 다했죠.

이 현실을 보는 내내 마음이 참으로 무거웠습니다. 전문가로 초청받아 이역만리 먼 곳까지 간 거였기에 현지 실정에 맞는 해결책을 제시해주어야만 했습니다. 현지 진단을 마치고 저는 어떻게 해야 이분들께 진짜 도움이 되는 방법을 알려줄 수 있을지 고민하느라 거의 잠을 자지 못했습니다. 결국 정공법을 선택했습니다.

마무리 회의를 하던 날, 저는 발표에 앞서 케냐 현지 관료들 앞에

서서 물어보았습니다. "치아가 썩을 수도 있지만 입에는 달콤한 말씀을 해드릴까요, 아니면 많이 쓰고 아플 수도 있지만 진짜 도움이 되는 말씀을 해드릴까요?"라고 말이죠. 다행히 쓰더라도 도움이 되는 말을 해달라고 하셨습니다. 그래서 돌려 말하지 않고 제가 보고 느낀 것을 있는 그대로 다 말씀드렸습니다.

잠실 롯데타워는 높이가 무려 555미터에 달하는 초고층 빌딩입니다. 그런데 이렇게 높은 빌딩을 짓기 위해서는 그만큼 깊고 단단한 기초가 필요하죠. 실제로 롯데타워 하부에는 깊이 38미터의 콘크리트 파일이 무려 108개나 튼튼하게 박혀 있고, 그 위에 무려 높이가 6.5미터나 되는 두텁고 단단한 철근 콘크리트로 기초를 세웠습니다. 이렇게 눈에 보이지는 않지만, 단단한 기초가 있기에 그 위에 123층의 롯데타워가 올라설 수 있었지요. 이처럼 모든 것은 기초부터 탄탄히 쌓아 올려야 하지만 사람들은 기초가 눈에 보이지 않으니 건너뛰고 눈에 보이는 것부터 하려고 합니다. 그러나 모두 알다시피 기초가 부실하면 결코 높은 빌딩을 세울 수 없습니다. 얼기설기 올릴 수 있을지는 몰라도 결국 금세 무너져 내리기 때문입니다.

케냐의 경우도 그러했습니다. 케냐에서는 지하수가 부족하니 하수처리장 방류수를 지하수에 인공으로 재함양하는 방안을 고려하고 있었습니다. 현장을 살펴본 저는 케냐 관료들에게 지금 상황에서는 하수처리수를 지하수로 재함양하는 것은 매우 위험하니 절대 해서는 안 된다고 말씀드렸습니다. 제대로 처리되지 않은 오염

된 하수처리수를 지하수에 함부로 넣었다간 엄청난 환경 대재앙이 펼쳐질 수 있기 때문이죠. 지하수 인공 재함양은 쉽게 말해 롯데타워 맨 꼭대기에 피뢰침을 세우는 것과 비슷한 거였습니다. 피뢰침은 건물 기초부터 탄탄하게 차곡차곡 쌓아 올려 모든 건물이 다 지어졌을 때 비로소 세울 수 있는 건데, 기초도 세우지 않고, 건물 골조도 세우지 않고 피뢰침부터 세우려고 하는 것과 같은 생각이거든요.

어쩌면 케냐 관료들이 원하던 답은 아니었을지도 모릅니다. 물론 저도 그분들이 원하는 지하수 재함양 방법을 알려드릴 수도 있었습니다. 기술적으로 불가능한 것도 아니었으니까요. 하지만 그건 장염에 걸려 물도 못 마시고 다리는 후들거려 제대로 걷지도 못하는 탈수증상 환자에게 에너지 드링크 한 병 마시고 42.195킬로미터 마라톤 풀코스를 뛰라고 하는 것과 같습니다. 한두 걸음 뛸 수 있을지는 몰라도 결코 결승점까지 도달할 수는 없어요. 왜 그럴까요? 네, 이건 지속 가능하지 않은 방법이기 때문입니다.

저는 케냐 관료들에게 한국전쟁 이후 청계천에 빼곡하게 들어선 판자촌과 청계천 복개, 그리고 복원 과정을 있는 그대로 다 보여줬습니다. 제가 보고 왔던 아프리카 최대 슬럼가인 키베라(Kibera) 슬럼가와 크게 다르지 않았던 청계천 판자촌 모습, 그러나 지금은 아이들과 물고기가 함께 어우러져 뛰어놀고, 수많은 관광객이 찾는 명소로 탈바꿈한 모습을 사례로 들며 설명했습니다.

우리가 건강한 신체를 만들기 위해서는 가장 기본적인 의식주가 해결되어야 하고, 안정된 가정에서 규칙적인 생활 패턴, 영양소가 풍부하고 적당한 양의 식사, 충분한 수면, 건강한 정신, 안정적인 재정 등 모든 것이 골고루 균형 있게 갖추어져야 합니다. 단지 운동만 열심히 한다고 되는 것이 아니지요. 케냐의 물 부족 문제를 해결하는 것도 마찬가지였습니다. 지금 당장 급해 보이는 무언가를 시도한다고 해결되는 것이 아니었습니다. 기초부터 하나씩 쌓아 올라가야 하는 것이지요.

한때 캠핑 붐이 일었을 때, 사람들은 너도나도 캠핑 장비를 사기 시작했습니다. 그런데 캠핑용품은 종류가 굉장히 다양하잖아요. 그래서 온갖 장비를 사서 차에 채워 넣기 시작했습니다. 캠핑을 가보면 이사를 온 건지, 캠핑을 온 건지 알 수 없을 정도의 풀 세트를 잔뜩 진열해놓는 경우가 참 많아요. 사람들은 자기가 진짜 좋아서 하는 거라고 말하지만 사실 속마음으로 한 걸음만 더 들어가 보면 남에게 과시하기 위해 소위, '장비발'을 세우는 경우가 대부분입니다. 그래서 장비를 더 많이 실을 수 있는 큰 SUV로 차를 바꾸고, 심지어 캠핑 트레일러나 캠핑카를 사기도 합니다.

남들이 좋다고 하니까 따라 하는 경우는 완벽한 캠핑 장비를 과시하기 위해 거금을 들여 풀 세트를 마련합니다. 그런데 내가 진짜 좋아서 시작한 게 아니니 얼마 가지 않아 이내 흥미를 잃게 되고, 거금을 들여 장만한 캠핑 장비는 곧 창고에 처박혀 있다가 당근마켓 신세를 면치 못하죠. 이처럼 내가 나를 모르면 그냥 남들 다 하는 걸 따라갈 수밖에 없고, 남들과 차별성이 없기 때문에 세상은 굳이 나를 찾지 않습니다.

진짜 좋아서 하는 사람들은 누가 뭐라 하건 말건, 유행하건 안 하건 개의치 않고 자신만의 속도로 꾸준히 오랫동안 합니다. 꾸준히 오랫동안 하니 잘할 수밖에 없습니다. 나와의 진지한 대화를 통해 진짜 내가 좋아하는 것을 찾아보기 바랍니다. 이것이야말로 잠깐 반짝하고 마는 것이 아니라 지속 가능한 방법이니까요.

# 결국 해내는 사람의 7가지 실천법

01. 행동은 계획보다 강하다

02. 결과를 만들어내는 마인드셋

03. 실천력을 높이는 환경 설계

04. 성장하는 사람들의 데일리 루틴

05. 성장의 장애물을 다루는 법

작은 실천과 꾸준함이 삶의
모멘텀을 높이고
변화를 만들어낸다.

## 01. 행동은 계획보다 강하다

한 국제기구의 초청으로 케냐를 다녀온 후 결과보고서 작성까지 마무리를 짓자, 제게 또 한 번의 거짓말 같은 기회가 찾아왔습니다. 그건 바로 국제기구 파견 기회였습니다. 솔직히 말해 합격할 자신이 있었습니다. 저는 이제까지 제게 주어진 기회를 놓치지 않고 하나하나 차곡차곡 쌓아가며 저만의 포트폴리오를 만들어 왔기에 모든 준비가 되어 있었습니다.

제가 만약 떨어진다면 예전에 회사에서 받았던 징계 이력 때문이거나 오버 스펙 둘 중 하나라고 생각했어요. 첫 번째 이유라면 제가 어찌할 수 없는 일이니 그냥 받아들이기로 했고, 두 번째 이유로 떨어진다면 내가 부족해서가 아니라 그냥 안 맞는 것이니, 이 또한 어쩔 수 없는 일로 받아들이기로 마음먹었습니다. 대신 '결과가 어떻게 되건 최선을 다하자'라는 마음가짐으로 전형에 임했죠. 급작스레 응시하게 된 OPIc 시험도 짧은 기간이지만 최선을 다해 준비해서 최고 등급을 받을 수 있었고, 서류전형, 영어 작문 시험, 그리고 여러 차례의 면접까지 모든 과정에 최선을 다했습니다.

물론 저도 사람인지라 '징계받았단 걸로 발목 잡히면 어쩌지?'라는 생각이 들었던 것도 사실입니다. 나중에 얘길 들어보니 실제로 1차 면접 후 노조에서 문제로 삼았다고 하더군요. 다행히 선발 부서에서 이미 오래된 일이니 더 이상 이걸로 문제 삼지 않기로 해서 다행히 통과되었고요.

각 단계를 넘어설 때마다 '붙을 자신 있다!'라는 확신은 점점 더 강해졌습니다. 시간이 흐르며 전형 결과에 대해 여러 경로로 듣게 됐습니다. 평가 점수는 압도적으로 높았다고 합니다. 다만, 제가 지원한 국제기구 측에서 원했던 사람은 젊고 경험이 적은 대리급 정도라 저를 부담스러워하는 것 같다는 말도 들었습니다. 결과는 어떻게 되었을까요? 네, 최종 결과는 '불합격'이었습니다. 연락받고 저는 그냥 웃었습니다. "어쩔 수 없죠, 뭐"라면서 말이죠. 이건 제가 실력이 부족해 떨어진 게 아니라 국제기구에서 원하는 사람과 제가 서로 맞지 않았을 뿐이니까요.

퇴근 후 집에서 고등학생이 된 아들과 함께 저녁 식사하며 저의 불합격 통보 소식을 전해주었습니다. 아들은 오히려 제게 묻더군요. "속상하지 않아요?"라고 말이죠. 저는 아들에게 이렇게 말해주었습니다.

나: 아빠가 왜 떨어진 줄 알아?

아들: 오버 스펙이라서요?

나: 아니, 아빠가 도전했기 때문에 떨어진 거야. 도전하지 않았다면 불합격 소식을 들을 일도 없었겠지. 아빠는 앞으로도 계속 도전할 거

야. 너도 실패를 두려워하지 말고 계속 도전해. 이게 진짜 네 삶을 살아가는 유일한 방법이야.

이날은 마침 아들 생일이었는데, 신기하게도 아침에 수영을 나서며 식탁에 아들에게 남긴 편지에는 저녁에 나눈 그 이야기와 똑같은 내용을 편지에 썼답니다. 참 묘한 우연이죠.

저는 늘 행동을 강조합니다. 행동해야만 변화가 찾아온다는 것을 깨달았기 때문입니다. 제가 만약 '예전에 회사에서 받은 징계 이력으로 안 될 게 뻔한데'라고 생각하고 지원하지 않았다면 어떻게 되었을까요? 네, 떨어질 일이 없었을 겁니다. 제가 만약 '내가 혹시 국제기구에서 원하는 사람보다 너무 과한 사람이라 부담스러워하면 어쩌지?'라는 생각으로 지원하지 않았다면 어떻게 되었을까요? 네, 이 역시 아무 일도 일어나지 않았을 겁니다. 저의 최종 결과는 불합격이었지만 저는 이 과정에서 저만의 소중한 경험을 쌓아나갔고, 이 경험은 어디 가지 않고 오롯이 제 안에 차곡차곡 쌓여 또 다른 도전을 하는데 엄청난 밑거름이 될 겁니다. 도전하지 않았다면, 실천하지 않았다면 결코 얻을 수 없는 경험이었죠.

사람들은 책을 읽거나 명사의 강의를 듣고 난 후 '아! 저렇게 해야 하는구나!'라고 깨달음을 얻습니다. 깨달음의 순간은 막혔던 것이 탁 트이는 듯한 짜릿한 경험이지만, 이상하게 깨달음을 얻었는데도 우리 인생은 잘 바뀌지 않습니다. 도대체 왜 이런 걸까요? 그건 바로 깨달은 바를 실천하지 않았기 때문입니다.

"Don't think, Just do."

톰 크루즈가 주연한 〈탑건: 매버릭〉에서 나온 명대사입니다. 저는 제가 하는 모든 강의 자료의 마지막 장표에 이 문구를 넣습니다. 그 이유는 생각만 하느라 정작 아무런 행동으로 옮기지 않는 경우가 대부분이기 때문입니다. 제아무리 좋은 계획이 있다고 하더라도 실행으로 옮기지 않으면 아무런 변화가 없어요. 새로운 방법을 알게 되었다면 그걸 알기 전보다 한 걸음 더 나아갔다고 할 수 있습니다. 하지만 진정한 변화를 이루기 위해서는 내가 알게 된 것을 실천해야 합니다. 그래야만 바뀌거든요.

그런데도 왜 사람들은 중간에 다 포기할까요? 완벽하게 해내려고 하기 때문입니다. 대부분은 완벽한 때를 기다립니다. 하지만 안타깝게도 완벽한 때는 절대 오지 않죠. 이렇게 완벽한 때를 기다리고 있노라면 시간은 하염없이 흘러만 갑니다. 결국 한참의 시간이 흐른 뒤에 돌아보면 나는 여전히 출발선에 그대로 머물러 있음을 알아채게 되지요.

하지만 성공하는 사람은 일단 출발합니다. 그리고 달려가며 끊임없이 자신의 부족한 점을 수정해 가요. 일단 출발하면 정말로 잘못된 방향으로 뛸 수도 있지만 괜찮습니다. 일단 움직였기에 앞으로 나아갈 수 있고, 설령 잘못된 방향으로 뛰었더라도 '저렇게 하면 안 되는구나'라는 사실을 깨달았기 때문에 다음에 같은 실수를 하지 않게 되니까요. 뛰어보지 않았다면 결코 알 수 없는 값진 교훈을 얻은 것입니다.

저는 학회 논문 리뷰어로도 활동하고 있습니다. 얼마 전에도 논문 리뷰 의뢰가 들어와 논문을 검토했습니다. 그런데 말 그대로 기본기도 안 되어 있는 부분이 너무 많이 보였습니다. 결국 거절(reject) 의견으로 회신을 보냈지만, 그래도 어디를 어떻게 고쳐야 하는지 모두 코멘트를 해주었습니다.

아마도 거절 의견을 받은 투고자는 아주 속상했을 겁니다. 저도 예전에 투고한 논문이 게재 거절당하면 아주 속상했던 기억이 납니다. 마치 내 존재 자체가 부정당한 기분이 들죠. 하지만 냉정하게 생각해보면, 거절 전이나 후나 내 논문이 게재되지 않았다는 사실은 변함이 없습니다. 그리고 이 거절도 논문을 쓴 사람이 논문을 투고했기에 거절당한 것이지 논문을 투고하지 않았다면 거절당할 일도 없습니다. 그뿐만 아니라, 이건 논문이 거절된 것이지 논문 투고자를 거절한 것이 아닙니다. 그러니 이걸 기회로 더 나은 논문을 보완해서 다시 투고하면 되는 겁니다.

《모르고 사는 즐거움》의 저자 어니 젤린스키는 사람들이 하는 걱정 중 92퍼센트가 쓸데없는 걱정이라고 말합니다. 세부적으로는 40퍼센트는 절대 일어나지 않을 일들, 30퍼센트는 이미 일어난 일들, 그리고 22퍼센트는 사소한 고민이죠. 그러니 내 삶에 도움이 되지 않는 걱정으로 자신을 어둠의 구렁텅이로 빠뜨리는 어리석은 행동은 하지 않는 것이 좋습니다. 거절당한 일을 계속 곱씹어 봐야 달라지는 건 없어요. 오히려 다시 도전할 기운을 빼앗길 뿐이죠.

서핑할 때, 파도가 몰려오면 힘차게 팔을 저어 속도를 맞춘 뒤 일어나서 파도를 타야 합니다. 하지만 언제나 성공하는 건 아니기에 때로는 파도를 놓치기도 합니다. 만약 파도를 놓치면 큰일 날까요? 아니요. 아무 일도 일어나지 않습니다. 그저 내 파도가 아니었을 뿐이기에, 다시 다음 파도를 기다리면 됩니다. 이번 파도도 제 파도가 아니었습니다. 저는 다음에 올 파도에 올라타기 위해 다시 도전할 겁니다. 그리고 결국은 멋지게 인생의 파도를 타고 쭉 나아갈 겁니다.

사람들은 대부분 완벽하지 않으니 아예 시도조차 안 하게 되고, 행동하지 않는 자신을 보며 의지가 부족하다며 자책하곤 합니다. 아닙니다. 첫 단추부터 잘못 끼우신 겁니다. 완벽히 하지 말고, 그냥 하면 됩니다. 계속하다 보면 자연스레 잘하게 되고, 잘하게 되니 더 지속하게 되는 겁니다. 그러니 다짐하지 말고, 그냥 해나가야 합니다. 이렇게 행동해야 다가오는 기회를 잡을 수 있습니다. 아무것도 하지 않으면 아무런 일도 일어나지 않습니다. 그저 한 걸음이면 충분하니, 부디 생각만 하지 말고 무엇이 되었건 행동으로 옮기길 바랍니다.

## 02. 결과를 만들어내는 마인드셋

　예전에 한 블로그 이웃님이 운동하겠다고 다짐한 글을 읽었습니다. 저는 이웃님에게 왜 운동하려고 하는지, 자신에게 충분히 물어보고 이에 대한 답을 해보면 어떻겠냐고 댓글을 달았더랬죠. 그 이웃님이 이걸 실제로 하셨는지는 알 수 없지만, 제 댓글은 진심이었습니다. 많은 사람은 운동을 꾸준히 하겠다고 다짐하며 굳은 의지를 불태웁니다. 그러나 얼마 가지 않아 굳세었던 의지는 이내 흐지부지되곤 하죠. 이러면 대부분은 자신의 나약한 의지를 탓하며 어떻게 해야 강한 의지로 꾸준히 운동을 이어갈 수 있을지 고민합니다.

　사실 이건 의지의 문제가 아닙니다. 정작 가장 중요한, 자신이 원하는 모습을 그리지 않은 채 그냥 열심히만 하려고 해서입니다. 원하는 모습을 그리는 건 양궁 선수가 자신이 쏠 과녁의 10점짜리 원을 조준하는 것과 같습니다. 이렇게 정확히 원하는 과녁을 바라보고, 활을 겨누고 쏴야 목표를 맞출 수 있는데, 사람들은 자신이 어디를 겨냥하고 있는지는 바라보지 않고 그냥 '열심히만' 쏘려고 한다는 겁니다. 이렇게 해서는 결코 목표를 달성할 수 없습니다.

저는 멋지게 수영하는 모습을 늘 머릿속에 그리며 지냅니다. 그렇게 하니까 눈이 오나 비가 오나 수영장에 꾸준히 가게 됩니다. 운동을 잘하고 싶다면 '운동을 열심히 해야지'가 아니라 매일 운동 후 땀 흘리고 나서 상쾌해하는 자기 모습 또는 탄탄한 몸매를 머릿속에 그려야만 합니다. 이렇게 말씀드리면 '정말 바보 같은 소리 한다'라고 생각하실 수도 있습니다. 그래서 대부분 이렇게 안 합니다. 이게 바로 대부분 사람이 중간에 포기하는 진짜 이유입니다. 방법의 문제도 아니고 의지의 문제도 아닙니다.

원하는 목표를 향해 가는데 언제나 최고의 컨디션일 수는 없습니다. 하지만 컨디션이 정말 엉망진창이더라도, 그냥 해나갈 수 있는 마인드와 꾸준함이 결국 내가 원하는 결과를 만들어낼 수 있습니다. 결국 원하는 목표를 이루기 위해 되건 안 되건 절대 포기하지 않고 끝까지 해내는 인내심이 필요합니다. 저도 처음엔 아침에 일어났을 때 컨디션이 안 좋아서, 조금 늦게 일어나서, 날씨가 안 좋아서 '오늘 수영 가지 말까?'라고 주저했습니다. 하지만 '나는 수영을 잘하는 사람'이라고 생각하기 시작하자 더 이상 수영을 건너뛰지 않게 되었습니다. 왜냐하면 수영을 잘하는 사람은 컨디션이 안 좋다고 훈련을 건너뛰지 않는다는 사실을 깨달았기 때문입니다. 그래서 저도 그렇게 해나갔을 뿐입니다.

제가 직장을 다니면서 대학에서 강의도 한다는 사실을 알게 된 주변 사람들은 가끔 제게 진짜로 강단에서 보면 학생들 학점이 보이는지를 물어봅니다. 어떨 것 같나요? 네, 정말 신기하게도 첫 시간에 학생들 눈빛을 보면 대략적인 학점이 보입니다. 그리고 이후 강의가 진행되며 과제에 대해 피드백해주고, 시험 성적을 보면 제가 예상한 것과 크게 다르지 않다는 것을 알 수 있습니다. 선입견으로 잘못 판단하는 일이 없도록 늘 조심하려고 하지만 제가 생각한 것과 크게 다르지 않다는 사실에 스스로 놀라게 됩니다. 그렇다면 도대체 뭐가 다르기에 이런 차이가 나는 걸까요?

학생들은 대부분 각자의 방법으로 열심히 공부합니다. 교과서와 교안 그리고 필기 내용을 여러 번 읽는 것이 가장 일반적인 방법이겠지요. 요즘은 태블릿과 연계해 제 강의 내용을 녹음해 필기하기도 하더군요. 물론 이렇게 열심히 공부하면 대개는 성적이 잘 나오지만, 열심히 노력했는데도 좋은 성적을 못 받는 경우도 있을 겁니다. 기대한 성적을 받지 못하면 '아이고… 이건 내 길이 아닌가 보다'라고 포기하기도 합니다.

하지만 끝까지 초롱초롱한 눈빛을 유지하는 학생들은 스스로 학습 동기를 찾습니다. 그게 바로 '이 공부를 왜 해야 하는지'에 대한 답을 찾는 것이지요. 이렇게 자신만의 동기를 발굴하는 학생들은 교수님이 저 얘기를 왜 하는지, 이게 무슨 원리인지, 어디에 어떻게 적용되는지를 스스로 찾아 공부합니다. 저는 학생들에게 공부하면서 AI를 적극 활용하라고 권장하고, 어떻게 활용해야 하는지도 아주 구체적으로 알려줍니다. 동기를 찾은 학생들은 궁금한 내용, 이해가 안 가는 내용들을 AI의 도움을 받아 끝까지 파고들지요. 그러면서 AI를 활용하는 능력이 올라가는 것은 덤이고요.

이런 학생들은 최선을 다했음에도 불구하고 자신이 원하는 결과가 나오지 않았다고 해서 포기하지 않습니다. 비록 기대에는 미치지 못했지만, 지난번보다 조금 더 나아갔다는 사실을 스스로가 잘 알기 때문에 다음번에 더 나은 결과를 내기 위해 심기일전할 뿐이지요. 이처럼 기대에 미치지 못하는 결과를 받아 들더라도 이 또한 성장해가는 과정이라고 받아들이는 마인드셋을 가진 사람들은 실패조차도 성장의 기회로 삼습니다. 반면, 모든 것이 완벽하기를 바라는 사람은 불완전함을 용납할 수 없기에, 역설적으로 성장의 기회를 잡지 못하고 제자리에 머무르게 되지요.

우리 삶은 디지털처럼 0과 1로만 구성되어 있지 않습니다. 그 안에 0.3도 있고, 0.51도 있고, 0.758도 있습니다. 우리가 목표로 하는 1을 찍지 못했다고 해서 0은 아니에요. 1이 되지 못할 것 같아 아무것도 안 하면 진짜로 0에 머무르지만, 조금이라도 앞으로 나아가면 비록 그게 0.015라고 하더라도 0보다는 앞으로 나아간 겁니다. 우리의 삶은 이래야 하지 않을까요?

대부분은 좋은 점수를 받기 위해 시험을 봅니다. 사실 저도 학생 때 그랬고요. 하지만 좋은 점수는 내가 최선을 다한 결과이어야지, 그 자체가 목표가 되어서는 안 됩니다. 실제로 저는 시험을 보기 전 학생들에게 시험은 자신이 무엇을 모르는지 확인하고, 그걸 보완하기 위해 보는 거라고 말해주곤 합니다. 우리가 실패를 두려워하고, 새로운 것, 낯선 것에 선뜻 도전하지 못하는 이유는 어쩌면 한 번에 0에서 1로 점프해 완벽한 결과를 내려고 해서 그런 것이 아닌지 냉정하게 되돌아봐야 합니다.

그렇다면 도대체 실패가 뭔가요? 실패에 대한 수많은 명언이 많지만 저는 감히 "실패는 도전했다는 증거일 뿐이다"라고 자신 있게 말할 수 있습니다. 일반적으로 실패를 경험하면 '나는 실패자'라는 정체성을 부여하곤 합니다. 그런데 저는 이건 우리의 성장을 가로막는 매우 큰 장애물이라고 생각합니다. 물론 실패는 매우 뼈아픈 경험입니다. 하지만 그렇다고 해서 실패자는 아닙니다. 도전했고, '아! 이렇게 하면 안 되는 거구나!'라는 것을 배웠을 뿐이니까요.

중요한 것은 실패를 경험한 후 나의 태도에 달려 있습니다. 실패를 경험하고 그대로 머무르면 정말로 실패자가 됩니다. 반면, 다시 일어나 다른 방법으로 도전하고, 또 도전하면 된다는 마인드셋을 장착하고 있다면, 실패는 그냥 목표를 향해 겪게 되는 당연한 과정일 뿐입니다.

지금 살고 있는 삶이 만족스럽지 않다면, 내가 인생을 바꿔 원하는 결과를 얻고 싶다면 우리가 가지고 있는 마인드를 바꿔야 합니다. 컴퓨터 프로그래밍이 잘못되어 있으면 아무리 제대로 된 값을 넣어도 결코 제대로 된 결과를 낼 수 없습니다. 왜냐하면 입력값을 연산해 출력하는 과정이 잘못되었기 때문입니다. 여러분은 지금 어떤 마인드셋을 장착하고 있나요? 결과를 만들어내고 싶다면 그냥 해나가는 마인드셋, 실패를 두려워하지 않고 도전하는 마인드셋을 장착해보면 좋겠습니다.

## 03. 실천력을 높이는 환경 설계

첫 책을 쓰면서 느낀 점이 하나 있습니다. 바로 책을 쓰는 일이 논문을 쓰는 것과 꽤 닮아있다는 거였습니다. 논문이라고 하면 뭔가 어렵고 골치 아파 보이지만, 사실 이건 자신이 세운 가설을 논리적이고 과학적인 방법으로 증명해 나가는 과정을 글로 엮어 놓은 것입니다. 논문 심사도 얼마나 창의적인 주제인지, 가설을 얼마나 논리적으로 잘 설명하고 증명해 가는지를 보죠.

그런데 많은 대학생이나 대학원생들이 논문을 작성할 때 흔히 하는 오해가 있습니다. '교수님이 어떻게든 도와주시겠지'라는 막연한 기대죠. 너무나 당연한 얘기지만 논문은 결국 본인이 혼자 써야 합니다. 교수님은 옆에서 조언해줄 수는 있어도 논문을 대신 써줄 수는 없습니다. 결국 자기 자신 안에 있는 생각과 논리와 치열하게 싸우며 엉덩이와 의지로 써 내려가는 거죠. 무언가를 실행으로 옮기지 못하는 가장 큰 이유는 자신의 선택에 대한 확신이 없기 때문입니다. 여기에 '이게 될까?' '내가 할 수 있을까?'라는 불안함까지 더해지면 더더욱 망설이고 행동하기를 주저합니다. 그래서 조금 더 완벽하게 준비된 뒤 시작하겠다고 생각하지만, 안타깝게도 현실은 완벽히 하려다 아예 시작조차 못 하게 되는 경우가 대부분입니다.

권투 경기에서 상대에게 단 한 대도 맞지 않고 이기겠다는 생각은 사실상 불가능합니다. 반대로, 잽을 수없이 날리고 맞을 각오도 하며 싸우는 선수는 기회가 왔을 때 결정적인 한 방을 날릴 수 있죠. 우리의 삶도 마찬가지입니다. 우리는 수많은 작은 시도와 경험을 통해 성장합니다. 매일 아침 일어나자마자 이불을 정리하고, 물 한 잔을 마시는 것처럼 별것 아닌 일 같지만 이런 사소한 성공 경험이 쌓이면 나 자신을 믿게 되고 실천력이 생깁니다.

우리 집 정원에서 뛰어노는 강아지와 고양이를 바라보면, 비가 오면 비가 오는 대로, 바람이 불면 바람이 부는 대로 그냥 지냅니다. 저와 함께 산책하러 나가면 즐거워하고, 정원에 있을 땐 개 껌을 신나게 물어뜯거나 세상 편하게 낮잠을 잡니다. 가끔 맛있는 걸 주면 마냥 행복해하고, 그만 주면 아쉬워하지만 이내 제자리로 돌아갑니다. 이 녀석들은 그냥 그 순간에 집중할 뿐입니다. 우리도 이렇게 살아야 하지 않을까요? 어떤 선택을 하건, 그에 따르는 결과와 책임까지 지레짐작하느라 겁먹고 두려워하지 말고, 그냥 지금 내게 주어진 상황에서 내가 할 수 있는 거에 최선을 다하는 것이지요. 이것이 우리가 할 수 있는 유일한 방법이자 최선의 방법입니다.

많은 분이 '미라클 모닝'을 단순히 아침 일찍 일어나는 새벽형 인간이 되는 거로 생각하지만, 진짜 의미는 《미라클모닝》의 저자 할 엘로드가 강조했듯, 아침에 일어나 단 5분이라도 나를 위한 시간을 확보해 아침 루틴을 실행하고, 삶의 주도권을 내가 갖자는 것입니다. 눈을 뜨자마자 매일 하는 루틴을 실행하며 성공의 경험을 쌓아가는 것이 인생을 바꾸는 가장 확실한 방법이라고 할 수 있지요.

아침에 허겁지겁 일어나 되는 대로 하루를 살면 시간에 끌려다니게 됩니다. 이렇게 살면 삶을 주도적으로 사는 것이 아니므로 자기가 원하는 삶, 꿈을 이룰 수 없게 되죠. 그러니 아침에 단 5분 만이라도 오늘 하루를 어떻게 살아갈 것인지 스스로 생각을 정리하며 하루를 시작해 보세요. 너무나도 간단해 별것 아닌 것 같지만, 이 작은 습관이 여러분의 하루와 인생을 완전히 바꿔놓을 것입니다. 우리 모두에게 공평하게 주어진 것이 하나 있습니다. 바로 시간입니다. 제아무리 유명하고 성공한 사람이라도 하루 24시간 이상을 살 수는 없습니다. 결국 이 공평하게 주어진 시간을 어떻게 활용하느냐에 따라 우리의 인생이 달라지는 것이지요.

후회 없는 인생을 살아가기 위해 우리가 해야 하는 것은 내가 할 수 있는 것과 없는 것을 구분하는 일입니다. 티베트 속담에 "걱정한다고 걱정이 없어지면, 걱정이 없겠네"라는 말이 있습니다. 걱정하느라 오늘 내게 주어진 귀중한 시간을 낭비할 필요가 없습니다. 여러분에게 주어진 지금 현실에서 할 수 없는 상황이라면 근심 걱정으로 하루를 보내기보다 지금 할 수 있는 것에 집중해 보세요. 이것이 우리 삶을 윤택하게 만드는 유일한 방법일 테니까요.

사람들은 무언가를 할 때 최선을 다해서 하려고 합니다. 하지만 현실은 최선을 다하지 않고 그냥 하기만 해도 되는 것들이 대부분입니다. 가장 대표적인 예가 새해에 세우는 계획들입니다. 가장 많이 하는 계획이 독서, 운동과 같은 것들이지요? 이런 계획들을 실천할 때 오늘 해야 할 것을 최선을 다해서 하지 말고, 그냥 하기만 하면 됩니다. 지속적으로 해나가는 것이 중요합니다.

예전에 제가 알게 된 취준생 A가 있습니다. 공기업 입사를 준비한다고 하여 제가 여러모로 도와준 적이 있었지요. 그런데 A는 번번이 낙방하더군요. 자기는 열심히 한다고 하는데 왜 자꾸 떨어지는지 모르겠다고 했습니다. 몇 가지 질문을 해보니 저는 왜 떨어지는지 알겠더군요. A는 말로는 엄청나게 공부를 열심히 한다고 했지만, 제가 지켜본 바에 따르면 제가 평소에 공부하는 것만큼도 안 했습니다. 저는 직장에 다니고, 매일 블로그에 글도 쓰고, 대학 강의 준비도 하고, 틈틈이 책도 읽는데 말이죠. 얘기를 들어보면, 오늘은 컨디션이 안 좋아서 많이 못 하고, 다른 날은 스터디 카페 분위기가 별로여서 못 하고, 또 어느 날은 이상하게 집중이 잘 안되어서 못 한다고 합니다. 그 와중에도 게임은 밤늦게까지 정말 집중해서 잘 합니다.

A의 가장 큰 문제는 규칙적인 생활이 되지 않는다는 것이었습니다. 매일 잠자리에 들고 일어나는 시간이 계속 달라졌습니다. 늦게 자고 늦게 일어난 날은 피곤할 수밖에 없고, 그러니 집중이 안 되고 공부가 제대로 될 리 없지요. "일찍 잠자리에 들면 되지 않느냐?"라고 말하면 여러 가지 이유를 대며 일찍 자지 못한다고 했습니다. 사실 이건 핑계에 불과합니다. 일찍 잠자리에 드는 것이 어려

운 게 아니라, 일찍 자서 다음 날 일찍 일어나면 별로 하고 싶지 않은 공부를 해야 하는 상황을 피하고 싶었던 것이지요.

공무원이나 공기업 입사 시험, 자격증 시험과 같이 규격화된 형태의 시험은 공부하는 방법과 해야 하는 양이 딱 정해져 있습니다. 남들이 하는 수준은 대부분 다 하지만, 거기서 난이도 높은 문제를 한두 개 더 맞출 수 있을 정도의 실력을 쌓았느냐에 따라 당락이 결정됩니다. 그 정도 실력을 갖추려면 그만큼의 노력이 필요한 것이죠. A는 제가 몇 차례 조언해주었음에도, 말로만 알겠다고 하고 행동은 바뀌지 않았습니다.

지금까지 제가 한 이야기들이 언뜻 A를 홍보하는 것처럼 들릴 수도 있지만, 사실 주어만 바꾸면 다 우리 이야기입니다. 우리는 무언가 선택하기를 주저합니다. 그 이면에는 어떤 선택을 했을 때 다가올 현실과 선택에 따르는 책임과 의무를 지고 싶지 않은 마음이 있기 때문입니다. 우리는 종종 "결정 장애가 있다" "무언가 하려면 주저하게 된다"라고 말합니다. 하지만 진실은 '그 선택 이후에 생길 책임과 결과'를 피하고 싶은 것뿐입니다. 어떤 일이든 선택하지 않으면 아무것도 시작되지 않습니다.

따라서 될 수밖에 없는 환경을 만들어 놓는다면, 우리는 불필요한 곳에 신경을 쓰지 않아도 됩니다. 진짜 신경을 써야 할 곳에 집중할 수 있으니 성과도 더욱 좋아집니다. 예를 들어 아침에 운동을 나갈 거라면 아예 잘 때 아침에 나갈 옷차림으로 잠이 들면 됩니다. 그러면 아침에 일어나 운동복으로 갈아입는 수고를 덜 수 있고,

이미 운동복을 입고 있으니 운동을 안 나갈 수 없습니다. 결국 '운동을 나갈까 말까?'와 같은 고민을 하는데 에너지를 쏟지 않아도 되고, 운동을 꾸준히 할 수 있으며, 해야 할 운동에만 집중하게 되므로 운동 효과는 더욱 좋아질 수밖에 없습니다.

그러니 오늘부터는 걱정과 핑계를 내려놓고 할 수밖에 없는 환경을 만들어 놓고 작은 것부터 실천해보시길 바랍니다. 완벽하게 하려고 노력하기보다는 오늘 내가 해야 할 일에 집중해서 꾸준히 해나가세요. 작은 성공 경험이 모여 큰 자신감이 되고, 그 자신감이 여러분의 인생을 바꾸는 원동력이 될 것입니다. 누군가가 이끌어주기를 기다리지 마시고, 스스로 주도권을 가지고 살아가세요. 우리 모두에게 공평하게 주어진 24시간을 여러분은 어떻게 채워나가실 건가요? 지금, 이 순간부터 여러분의 선택이 모여 여러분의 인생이 됩니다. 그 선택의 주인공은 바로 여러분입니다.

# 04. 성장하는 사람들의 데일리 루틴

저는 아침에 일어나면 일단 물을 한 잔 마신 후 화장실을 다녀옵니다. 그리고 다이어리를 펼쳐 어제의 감사 일기와 오늘 아침을 어떻게 멋지게 보낼 것인지에 대한 모닝 페이지를 씁니다. 그리고 제가 되고 싶은 모습을 적은 확언을 기록하고 형광펜으로 칠하며 다시 읽습니다. 이후 신문을 읽고 아침 수영을 갑니다.

수영을 마친 후 출근하면 간단히 아침 식사하고 영작문 연습을 합니다. 오전 업무를 마치고 점심시간엔 주로 강의 준비를 하거나, 책을 읽거나, 글을 쓰죠. 그런 후 점심시간이 끝나기 직전 얼른 구내식당에서 밥을 먹고 오후 업무를 합니다. 퇴근 후에는 개와 함께 산책한 후 저녁을 먹고 잠시 휴식을 취한 후 다시 강의 준비를 하거나, 글을 쓰거나 책을 읽습니다. 이게 글을 쓰고 있는 현재 저의 데일리 루틴입니다. 가끔 지방 출장으로 어쩔 수 없이 수영을 가지 못하는 경우를 제외하고는 이 루틴을 계속 유지하고 있으며, 설령 몸이 안 좋거나 해서 못 하게 되면 그다음에 못 한 것을 마저 다 하기에 사실상 매일 꾸준히 합니다. 이 루틴을 그냥 묻지도 따지지도 않고 그냥 계속해나갑니다. 여기서 핵심은 '그냥 계속한다'라는 겁니다. '할까, 말까?'를 고민하지 않아요.

감사하게도 성공하신 분들은 자신이 어떻게 해서 성공했는지를 정말 친절하게 책으로 다 써 놓았더군요. 우리나라뿐만 아니라 전 세계적으로 성공한 대가들이 쓴 책을 읽다 보면 마치 서로 말을 맞춰놓은 것처럼 공통으로 하는 얘기가 있습니다. 그중 하나가 바로 '자신만의 데일리 루틴을 이어간다'라는 겁니다. 정말 신기할 정도로 공통으로 다 자기만의 데일리 루틴을 가지고 있어요. 그렇다면 밑져야 본전이니 한 번 해봐도 나쁘지 않다고 생각합니다. 물론 이런 데일리 루틴을 이어가기 위해서는 내 안의 강한 확신과 나에 대한 믿음이 있어야만 합니다. 이게 없으면 데일리 루틴을 이어가기가 힘들어요. 대부분 새해에 큰 포부를 안고 다짐했건만 1월이 채 지나기도 전에 새해의 다짐을 포기하는 이유이기도 하지요.

현재 나의 모습은 이제까지 살아오며 내가 생각하고 판단하고 행동했던 결과의 총집합입니다. 따라서 이미 지나온 과거는 내가 어떻게 바꿀 수도 없으며, 걱정한다고 해서 다가오지 않은 미래가 바뀌지도 않습니다. 오로지 내가 할 수 있는 것은 지금, 이 순간 나의 행동을 바꾸는 것뿐입니다.

여러분들은 지금 어떤 삶을 살고 있나요? 지금, 하고 있는 그 생각, 그 행동이 미래에 자신이 원하는 삶을 살아가기 위한 행동이라고 생각되나요? 만약 '그렇다'라고 생각한다면 그대로 꾸준히 밀고 나가면 됩니다. 하지만 '아니다'라는 생각이 든다면 변해야 합니다. 그러기 위해 가장 확실한 방법은 내가 원하는 모습을 생생하게 상상하는 겁니다. 마음속 나의 목소리와 진지하게 대화해보기를 바랍니다. 그리고 남들이 보기에 좋아 보이는 것 말고, 진짜 내가 좋아하고 잘하는 것이 무엇인지 끊임없이 물어보고 또 물어보세요. 그리고 떠오르는 모습이 있다면, 그걸 생생하게 상상하면 됩니다.

 어쩌면 그 모습이 지금 감히 상상하지도 못할 정도의 원대한 꿈일 수 있습니다. 그래서 '에이, 아무리 그래도 그렇지…. 내가 어떻게 감히 그런 사람이 되겠어?'라는 생각이 든다면 정말 여러분이 생각하는 대로 안 됩니다. 하지만 이걸 잊으면 안 됩니다. 우리 인간의 뇌는 내가 할 만하다고 생각되기에 그런 상상을 하는 겁니다. 내가 그런 능력이 되지 않는다면 아예 그런 상상조차 못 합니다. 제가 매일 쓰는 확언 중 제게 정말 큰 힘이 되는 확언이 있습니다. 잠깐 소개하자면, "장애물보다 기회에 집중하겠다. 계속 배우고 성장하겠다. 그들이 할 수 있다면 나도 할 수 있다"입니다. 특히 맨 마지막 문장인 "그들이 할 수 있다면 나도 할 수 있다"가 제게는 정말 큰 힘이 됩니다. 망설여질 때 이 문장을 쓰고 읽으면 다시 해낼 수 있다는 힘이 솟기 때문이죠.

 인간의 잠재력은 무한합니다. 다만 자신의 한계를 자기 스스로 짓기 때문에 더 이상 성장하지 못하는 겁니다. 벼룩은 자기 몸의 수십 배의 높이를 뛸 수 있지만, 이런 벼룩을 병에 며칠간 가둬놓은 후 뚜껑을 치우면 신기하게도 딱 병 높이까지만 뜁니다. 왜 그럴까요? 처음에는 원래 그래왔듯 높이 뛰어올랐을 겁니다. 하지만 계속 병뚜껑에 부딪히며 매우 아팠을 겁니다. 그리고는 '아, 여기

이상 뛰면 안 되는구나'라고 학습하게 되었죠. 그러니 이제는 뚜껑을 치워서 더 높이 뛸 수 있는데도 불구하고 이미 학습된 대로 딱 병 높이까지만 뛰는 겁니다.

우리가 지금 이러고 있지는 않은가요? 사실은 더 높이 뛸 수 있는데 스스로 유리천장을 만들어 놓고 딱 거기까지만 뛰고 있는 건 아닌지 되돌아봐야 합니다. 저도 처음엔 제가 상상하는 멋진 모습을 그렸을 때는 '내가 어찌 감히 그렇게 되겠어?'라는 생각이 들었던 게 사실입니다. 그래서 저는 매일 확언을 쓰며 스스로 다짐했습니다. '아니, 진짜 다른 사람도 다 하는데 내가 못 할 게 뭐람? 내가 뭐 부족한 게 있다고? 나도 할 수 있어'라고 말입니다. 그랬더니 정말 신기하게 진짜 잘할 수 있다는 확신이 생겼습니다.

저는 유명해질 겁니다. 그래서 제가 가진 경험과 인사이트를 많은 사람과 나누며, 그들이 더 나은 삶을 살아갈 수 있도록 도와드리고 싶습니다. 이렇게 말하는 저를 보고 누군가는 비웃을지도 모릅니다. 하지만 괜찮습니다. 저는 정말 유명해질 거고, 그럴 자신도 있고, 말뿐이 아닌 결과로 증명해낼 거니까요.

마동석 배우는 원래 가수 백지영 님의 헬스 트레이너였습니다. 그는 그때부터 할리우드에 진출할 거라고 말하고 다녔지만, 당시 사람들은 코웃음을 쳤다고 합니다. 당연히 그럴 법도 한 게 우리나라에서 제일 유명한 배우들도 어려운데, 무명의 헬스 트레이너가 할리우드에 진출한다고 하니 얼마나 우스웠겠어요. 그러나 결과는 어떤가요? 마동석 배우는 실제로 할리우드에 진출했고, 지금은 톱

스타가 되어 있지요.

저는 이런 결과가 실제로 매일 자신이 되고 싶은 모습을 상상하고, 그 꿈을 이루기 위해 해야 하는 것들을 그냥 묵묵히, 매일 꾸준하게 해나갔기 때문이라 생각합니다. 엔터테인먼트 그룹인 JYP의 대표 박진영 님은 아이돌 연습생들에게 바른 인성을 강조하는 걸로 유명합니다. 이미 상향 평준화된 연예계에서 단지 춤과 노래만 잘한다고 유명 아이돌이 될 수 없고, 설령 유명해졌다고 해도 단 한 번의 실수로 나락으로 떨어질 수 있다는 것을 누구보다 잘 알기 때문입니다. 그래서 인성이 바른 사람처럼 되도록 하는 것이 아니라 아예 근본부터 인성이 바른 사람이 되도록 훈련을 시키죠. 평소에 쓰는 언어, 사소한 행동 하나하나를 몸에 배게 해서 애당초 인성이 바르지 않은 사람은 아예 데뷔조차 할 수 없는 시스템을 구축했기에 JYP 출신 연예인들은 바른 인성을 가진 것으로 유명합니다.

바로 이겁니다. 평소에 하는 생각, 말투, 행동 하나하나가 차곡차곡 내 안에 쌓여 원하는 인생을 만들어갑니다. 내가 원하는 모습을 향해 꾸준히 성장해 나갑니다. 따라서 무언가 되고 싶은 것이 있다면 그걸 이루기 위한 방법을 찾아가는 것이 아니라 내가 원하는 모습을 생생하게 상상하는 것이 먼저입니다. 어떤 사람이 되고 싶은지를 마음속에 선명하게 그릴 수 있다면 그걸 이루기 위해 해야 하는 데일리 루틴을 자연스레 이어가게 될 것입니다. 그리고 이 루틴은 구덩이로 물이 자연스레 흘러 들어오듯 원하는 모습으로 성장할 수 있을 것입니다.

## 05. 성장의 장애물을 다루는 법

 

원시시대, 인간은 생존을 위해 무리를 지어 수렵하며 수만 년간 살아왔습니다. 그때는 당장의 굶주림에서 벗어나기 위해 먹을 것을 찾고, 맹수의 위협으로부터 피하기 위한 은신처를 찾는 것이 생존을 위해 최우선시되었죠. 한편, 열매를 함부로 따먹거나 강한 야수에게 무모하게 도전했던 이들은 생명을 잃었습니다. 따라서 안전한 자리에서 변화를 최소화했던 이들만이 살아남아 후세로 유전자를 전달했지요. 이런 본능은 지금까지도 뇌에 각인되어 우리는 안정된 상태에서 벗어나는 것에 큰 두려움을 느끼곤 합니다.

그렇다면 여전히 원시시대의 생존 본능에 따라 살아가야 할까요? 대다수 사람은 여전히 '안정'을 추구합니다. 그리고 그 안정적인 삶은 우리에게 위협이 되지 않는다고 생각할 수 있습니다. 하지만 현대의 삶에서 '안정'을 추구하는 것이 반드시 옳은 선택일까요? 오늘날 우리는 더 이상 생존을 위해 도전하지 않아도 되는 환경에서 살아가고 있습니다. 오히려 가만히 있으면 위기에 처할 수 있는 시대에 살고 있죠. 변화가 필수인 환경에서 살아남기 위해서는 새로운 도전이 필요하고, 도전 없이는 점차 뒤처질 수밖에 없습니다.

대학생들과 진로 상담을 하다 보면 많은 학생이 '안정된 삶'을 살고 싶다고 말합니다. 그래서 졸업 후 안정된 직장을 갖길 원하고, 대부분이 비슷한 목표를 가지고 달려갑니다. 어쩌면 법적으로는 이미 성인이 되었지만, 아직 경제적으로 독립하지 못한 탓에 생존의 욕구가 해결되지 않았기에 이러한 욕구는 어찌 보면 당연할 수 있습니다. 하지만 그 해소책이 '안정된 직장'으로 귀결된다면, 그것이 인생의 종착지가 된다면 곤란합니다. 안정된 직장도 내 인생의 목적지를 향해 가는 과정의 일부여야만 하죠. 그래야 안정된 직장을 넘어 더 상위 단계로 성장할 테니까요. 우리가 안정적인 직장에만 머물게 된다면, 결국 그것은 우리의 성장을 멈추게 만드는 요소가 될 수 있습니다. 사실 안정적인 직장은 일종의 '안전지대'일 수 있지만, 그곳에 머물며 자신을 한정 짓는다면 성장은 없습니다. 정체되면 결국 후퇴하게 되는 법이니까요.

안정적인 직장의 이면에는 새로운 도전을 금기시하고 튀지 않는 것이 미덕인 답답함이 숨어 있습니다. 따라서 안정적인 곳을 인생의 종착지가 아닌 인생에서 더 높은 곳을 향해 나아가려는 과정의 일부로 삼아야 합니다. 우리는 계속 성장해야 합니다. 왜냐하면 우리는 살아 숨 쉬는 생명체이기 때문입니다. 생명체는 변화하고 성장해야 진정한 생명으로서의 가치가 있습니다. 더 이상 성장하지 않고, 변화하지 않는다면 천년만년이 지나도 변함이 없는 거대한 바위와 다를 바가 없습니다.

우리는 놀이공원에 가서 오랜 기다림과 비싼 이용료를 감내해가며 롤러코스터를 탑니다. 익스트림 스포츠 또한 한 번 빠지면 한두 군데 골절이 되는 한이 있어도 그 짜릿함의 매력에서 벗어나기 힘들죠. 이들의 공통점을 얼핏 보면 빠른 무언가에 열광하는 것 같습니다. 그런데 분명 시속 100킬로미터로 달리는 자동차나 시속 300킬로미터로 달리는 KTX를 타고 달려봤지만, 이때는 별다른 감흥을 느끼지 못하는 걸 보면 속도의 문제는 아닌 것이 분명합니다. 무언가 이상하지 않나요?

네, 그렇습니다. 사실 우리가 짜릿함을 느끼는 것은 빠른 속도 그 자체가 아니라 '속도의 변화 정도'에 열광하는 겁니다. 공돌이는 이걸 '가속도'라고 표현합니다. 우리 삶도 마찬가지입니다. 절대적인 속도가 중요한 것이 아니라, '성장하는 정도'가 더 중요합니다. 많은 사람이 '돈이 많으면 행복할 것이다'라고 생각하지만, 진정한 행복은 '얼마나 성장했는지, 얼마나 나아졌는지'에서 옵니다. 이런 사례는 주변에서 쉽게 찾을 수 있습니다. 예를 들어 우리가 최신 핸드폰을 사면 처음엔 정말 행복하고 기분이 좋지만, 시간이 조금만 지나도 그저 매일 쓰는 핸드폰일 뿐 더 이상 처음 샀을 때의 감동을 얻지 못합니다. 이걸 문돌이스럽게 표현하면 '한계효용체감의 법칙'이라고도 할 수 있지요.

한 은행의 프라이빗 뱅킹 서비스(PB)에서 그들의 VIP 고객들에게 설문조사를 했는데, 그 결과가 매우 놀라웠습니다. 왜냐하면 수십억 원의 자산을 가진 고객들이 자신을 '극빈층'이라고 응답한 경우가 꽤 많았기 때문입니다. 상식적으로는 이해가 되지 않는 결과입니다. 하지만 그분들에게는 자기보다 훨씬 더 많은 자산을 가진 사람들이 눈에 들어오기에 상대적으로 그렇게 느꼈을 거예요. 이처럼 사람들은 원하던 수준의 자산을 달성해서 절대적인 자산이 많아졌다고 해도 정체된 자신을 느끼면 만족하지 못합니다. 오히려 우리는 절대적인 수준이 아니라 내가 성장하고 있음에 더 행복감을 느낍니다. 따라서 '성장'을 지속하기 위해 그 과정을 즐길 줄 알아야 합니다.

부산항을 출발해 태평양을 건너 샌프란시스코까지 가는 항로에는 당연히 풍랑이 기다리고 있습니다. 최대한 풍랑을 피해야겠지만, 긴 항해 중에는 배보다 빠르게 다가오는 풍랑을 모두 피할 수는 없습니다. 그래서 배는 항해 중 높은 파도를 만나더라도 전복되지 않도록 설계 단계부터 복원력에 신경 써서 만듭니다. 크고 무거운 엔진을 선체의 가장 바닥에 놓고 '평형수'를 배 주변에 채워 일부러 어느 정도 가라앉도록 하죠. 이렇게 해야 무게중심이 배 아래로 내려가 안정적인 항해가 가능하기 때문이에요. 이렇게 모든 준비를 마친 배는 비로소 승객과 짐을 가득 싣고 항구 밖으로 나가 목적지를 향해 나아갑니다. 항해 중 정말로 큰 파도를 만나면 배는 엄청나게 흔들리지만, 선장은 배가 파도를 정면으로 맞도록 조타합니다. 거대하게 몰려오는 파도가 무섭다고 옆으로 피하면 배는 복원력을 잃고 뒤집히며 침몰하게 되기 때문이죠.

실패가 두렵다고 절대 안전만을 추구하며 항구에 머문다면 어느 곳에도 갈 수 없습니다. 그리고 삶에서 만나게 될 수많은 도전과 실패를 피해 가려 하지 말고, 정면으로 부딪치며 세차게 흔들리는 과정에서 배우며 성장해야 합니다. 안정이라는 것은 불안정한 상황 속에서 자신을 지탱할 수 있는 기반일 뿐입니다. 도전하는 삶을 선택하는 것이야말로 우리의 성장을 이끄는 길입니다. 그 도전 속에서 우리는 실패를 경험하고, 그 실패에서 배우며 점점 더 강해집니다.

많은 유명 인플루언서가 성공을 거둘 수 있었던 이유는 각자의 분야에서 끊임없이 도전하고 시도했기 때문입니다. 이 과정에서 당연히 수많은 실패를 경험했고, 많은 욕을 먹었습니다. 하지만 이들이 그저 '안정적인 삶'만을 추구하고 도전을 두려워했다면, 결코 지금의 위치에 서 있을 수 없을 것입니다. 안정적인 상태에서 변화하지 않으면, 결국 뒤처지게 됩니다. 물론 도전의 결과는 확실하지 않고, 때로는 실패가 기다리고 있겠지만, 분명 그 과정에서 우리는 성장하고, 더 나은 사람이 될 수 있습니다. 안정은 어떠한 자극도, 위험도, 도전도 없다는 의미입니다. 모든 것이 안정되고 예상되는 삶은 무료하기 짝이 없습니다. 안정적인 곳에서 머물기를 선택한다면 성장이 없다고, 성취감이 없다고 불평해서는 안 됩니다. 그것이 자신이 선택한 길이니까요.

이제 우리는 '안정적인 삶'을 추구하는 대신, '도전하는 삶'을 살아야 합니다. 우리가 도전을 두려워하지 않고, 그 속에서 배움을 얻어 성장하는 삶을 살아가면, 진정한 행복을 느낄 수 있습니다. 우리가 성장하는 과정에 반드시 맞닥뜨리게 될 장애물을 두려워하지 말고, 한 걸음씩 나아가는 과정을 즐겨보세요. 이 과정에서 여러분은 진정한 성공과 행복을 찾을 수 있을 것입니다.

## 06. 실패를 기회로 바꾸는 기술

얼마 전 아들이 손과 어깨, 다리에 큰 찰과상을 입은 채 집에 들어왔습니다. 어찌 된 영문인지 물어보니 자전거를 타다가 살얼음 낀 곳에서 미끄러지며 크게 넘어졌다고 하더군요. 어디 부러지거나 하지 않고 찰과상으로 끝나서 얼마나 다행인지 모릅니다. 저는 아들에게 얼음이 있는 곳에서 어떻게 자전거를 타야 하는지 알려주었습니다. 가장 좋은 건 평소보다 속도를 충분히 줄여야 하고, 얼음이 있는 곳은 미리 피해 가야 하며, 어쩔 수 없이 지나가야 한다면 속도를 줄인 채 어떠한 조작도 하지 말고 그대로 통과하는 것이 좋다고 말이죠. 대신 이번 기회에 어떤 상황에서 어떻게 하면 미끄러지는지, 이런 상황에서 어떻게 하면 되는지를 알게 되었으니 다음부터 안 그러면 된다고 알려주었죠.

사람은 실패하거나 거절당하면 꽤 많은 스트레스를 받습니다. 그래서 실패하거나 거절당할 것 같으면 아예 시도조차 하지 않는 경우가 대부분이죠. 하지만 우리가 성장하기 위해서는 당연히 실패를 경험해야 합니다. 이건 선택이 아니라 당연히 겪어야만 하는 통과의례이자 성장을 위해 치러야 하는 대가입니다. 이처럼 실패를 당연하다는 사실로 받아들이면 더 이상 실패가 두렵지 않습니다.

무언가를 배울 때를 생각해보시기 바랍니다. 처음에는 당연히 잘 되지 않습니다. 처음 수영을 배우는데 수영 강사님처럼 잘할 수 없습니다. 코에 물이 흠뻑 들어가서 캑캑거려 봐야 어떻게 해야 코에 물이 들어가지 않는지를 깨닫게 되고, 물을 제대로 한 번 들이켜 봐야 물 안 먹고 호흡하는 방법을 터득하게 됩니다. 저도 접영을 처음 배울 때 돌핀킥이 되지 않아 제자리에서 한참을 허우적댄 적도 있습니다. 아무리 해도 앞으로 나갈 수가 없더군요. 결국 뒤따라오던 회원이 저를 앞질러 가는데 도저히 앞으로 나가지 못하고 허우적대는 제 모습이 조금 창피하기도 했습니다. 하지만 괜찮습니다. 이건 제가 멋지게 접영으로 물살을 가르며 나아가기 위해 당연히 거쳐야 하는 과정이니까요. 이처럼 실패는 성장하기 위해 당연히 거쳐야 하는 과정이라고 생각하면 더 이상 실패가 두렵지 않습니다.

대학생 때 저는 다양한 아르바이트를 했는데, 그중 시간당 단가가 가장 높았던 건 단연 '과외'였습니다. 제가 대학생이던 시절에는 전단을 붙이는 방식으로 과외를 구하곤 했습니다. 처음엔 동네 전봇대에도 붙여보았지만, 역시나 전봇대에 붙이는 전단만으로는 연락이 잘 오지 않았습니다. 그래서 아파트 게시판에 비용을 지불하고 붙였더니 비로소 연락이 오기 시작했습니다. 일단 학부모 면접까지 가면 거의 성사가 되었지만, 아주 가끔은 성사되지 않는 경우도 있었습니다. 물론 잠시 속은 좀 상했지만 이내 괜찮아졌습니다. 어차피 다른 학부모가 연락을 줄 거고, 연락이 안 오면 또 다른 아파트에 전단을 붙이면 되니까요. 이렇게 생각하니 할 만하더라고요.

만약 제가 '이번에 전단 붙인 아파트에서 반드시 연락이 와야만 해!'라고 생각했는데 게시 기간이 끝나도록 아무런 연락이 없다면 어땠을까요? 당연히 좌절감이 들었을 겁니다. 면접까지 갔지만 과외가 성사되지 않더라도 나오는 길에 아주 속상했을 겁니다. 하지만 아무런 연락이 없고, 때로는 퇴짜를 맞는 것이 새로운 과외 자리를 구하기 위해 거쳐 가야 하는 당연한 과정이라 생각하니 할만 했습니다. 게다가 이런 과정을 거치다 보니 자연스레 전단을 어떻게 만드는 게 좋은지 고민하게 되고, 어느 아파트에 붙여야 연결이 잘 되는지를 계속 개선해 나가다 보니 더 나은 과외 자리를 구하는 저만의 노하우를 쌓아갈 수 있었죠.

이처럼 실패를 경험하면 다음에 어떻게 해야 더 나아질 수 있는지, 경험과 노하우가 쌓이기 마련입니다. 또한 실패를 당연한 거라 여기면 설령 실패하더라도, 거절당하더라도 두려움이 없기에 다시 도전할 수 있는 용기가 생깁니다. 우리는 이 순간에 성장하게 됩니다.

제 딸의 KAIST 입학식 날 총장님께서 축사로 이런 말씀을 해주셨습니다.

"첫째, 나만의 꿈을 찾아가세요. 둘째, 꿈을 향해 주저 말고 도전하세요. 셋째, 실패를 두려워하지 마세요. 무모하더라도 도전해보고 만약 실패하거든 '실패연구소'에 와서 왜 실패했는지를 공유하세요."

저는 KAIST 총장님의 축사를 들으며 마치 제게 해주시는 말 같아서 너무 가슴이 벅차올랐습니다. 안타깝게도 우리나라는 실패에 대해 그다지 포용적이지 않습니다. 그래서 많은 사람이 정답이 정해져 있는 길에만 도전하고, 실패할 것 같은 일에는 애당초 도전하지를 않습니다. 하지만 실패가 두려워 아무런 도전도 하지 않는다면 우리에게 성장은 요원한 일입니다.

요즘은 수동변속기 차를 거의 찾아보기 힘듭니다. 반면 제가 운전면허를 딸 때만 해도 운전면허 시험을 볼 때는 대부분 수동변속기 차로 면허를 땄습니다. 처음 수동 차를 운전할 때 정말 막막했습니다. 내 다리는 두 개인데 페달은 세 개라니, 이걸 도대체 어떻게 조작해야 하는지 감이 안 잡히더군요. 당시 버스는 모두 수동변속기였기 때문에 저는 버스를 탈 때마다 늘 기사님이 잘 보이는 자리 근처에서 기사님의 발동작을 유심히 관찰했습니다. 멈췄다가 출발할 때 각각의 페달을 어떻게 조작하는지, 멈출 때 어떤 페달을 어떻게 조작하는지 보고 또 보았습니다. 그렇게 열심히 어깨너머로 보고 익혔지만 실제로 제가 운전할 때는 당연히 시동을 몇 번씩 꺼트리기 일쑤였죠.

하지만 시행착오를 거치다 보니 원리를 깨닫게 됐고, 그 이후로는 능숙하게 운전할 수 있게 되었습니다. 꽤 오랜 시간이 지났지만 저는 지금도 수동변속기 차를 운전하라고 하면 잘할 수 있습니다.

이 과정을 우리 삶에도 적용해 보면 우리가 새로운 걸 배울 때 겪는 시행착오도 당연한 겁니다. 하지만 사람들은 그걸 쉽게 잊고, 뭔가 잘 안 풀리면 '내가 못 하는 거 아닌가?'라며 금세 포기해버리죠.

성장하기 위해서 실패는 피할 수 없는 과정입니다. 하지만 많은 사람이 실패를 두려워하고, 심지어 도전을 포기하기도 하죠. 실패하면 부족한 점을 깨닫고, 더 나은 방법을 찾아가며, 한 걸음 더 성장할 기회가 생깁니다. 때로는 넘어지고 주저앉을 수밖에 없던 기억이 떠올라 새로운 도전이 두렵기만 할 수도 있습니다. 하지만 생각해보세요. 실패했을 때 좌절만 했던가요? 아니죠. 결국 그 실수를 통해 무엇이 문제인지 배우고 점점 더 나아져 지금 우리의 모습이 되어 있습니다.

이처럼 우리는 실패를 통해 '이렇게 하면 안 되는구나!'를 배우고, 실패할 때마다 더 나은 길을 찾는 법을 익힙니다. 도전을 어렵게 만드는 건 실패 그 자체가 아닙니다. 실패를 피하려는 마음만 있을 뿐이죠. 그러니 실패를 두려워하지 마세요. 오히려 더 많은 실패를 경험해보세요. 실패할수록 내 안에 쌓이는 피드백이 늘어나고, 언젠가 그 경험이 쌓여 '성장'이라는 결과를 만들어냅니다. 당연한 실패를 거듭 경험하다 보면 어느새 한 단계 더 성장한 나를 만나게 될 거예요.

## 07. 꾸준함이 성공의 기반이다

매년 새해가 되면 많은 사람이 산에 오르거나, 해안가에 모여 떠오르는 첫 해를 바라보며 각자의 소원을 빌곤 합니다. 그러나 해마다 이렇게 굳게 다짐했건만 한 달이 지나고 두 달이 지나면 대부분은 중간에 다 포기하고 맙니다. 왜 이런 일이 반복될까요? 사람들은 늘 무언가를 '해야지'라고 다짐합니다. 하지만 이런 다짐에는 사실 '하기 싫다'라는 마음이 깔려 있다는 것을 알아야 합니다.

대부분은 목표를 끝까지 해내는 것을 어려워합니다. 정말 많은 사람이 스스로 한계를 정하고, 스스로 그만두죠. 그렇다면 어떻게 해야 끝까지 버텨서 원하는 목표를 이룰 수 있을까요? 그 비결은 바로 '매일 꾸준히 조금이라도 하는 것'입니다.

여러분, 혹시 턱걸이할 수 있나요? 누군가는 할 수 있고, 누군가는 단 한 개도 못 할 것입니다. 예전에 턱걸이에 도전하고 계신 한 치과 의사 선생님의 글을 읽은 적이 있습니다. 지금은 단 한 개의 턱걸이도 못 하시지만, 턱걸이에 필요한 근력을 꾸준히 키워간다면 이 치과 의사 선생님은 분명 자기 팔 힘만으로 몸을 쭉 끌어당기는 순간을 경험하게 될 겁니다. 저는 지금 꽤 여러 개의 턱걸이를 할 수 있지만, 예전엔 턱걸이를 단 한 개도 할 수 없는 최약체였습니다. 하지만 꾸준히 운동하며 상체 근육을 키워 나갔죠. 처음에는 점프하는 힘으로 탄력을 받아 겨우 턱걸이를 할 수 있었다면, 근력을 키운 후에는 순전히 팔 힘으로만 충분히 할 수 있게 되었습니다. 처음 하나를 해낼 때의 희열은 이루 말로 표현할 수 없습니다!

턱걸이를 할 수 있는 방법은 정해져 있습니다. 그리고 이걸 해내기 위한 가장 확실한 방법은 상체 근력을 키우는 것입니다. 하체 근력을 키워서 아무리 허벅지와 둔근이 단단해지더라도 상체 근육이 없으면 턱걸이는 할 수 없습니다.

제가 만약 지금 치과 의사가 되기 위해 도전한다면, 저는 일단 치의학 전문대학원에 합격하기 위한 공부부터 시작해야 할 것입니다. 설령 합격했다고 해도 그 이후 과정 또한 절대 만만치 않습니다. 일반인은 감히 상상도 할 수 없을 정도의 엄청난 분량의 공부를 해내야 하고, 치과 의사 면허를 딸 수 있을 정도의 공부와 실습을 해야 합니다.

치과 의사 면허를 취득했다고 해도 끝이 아니겠지요. 오랜 수련의, 전공의 과정을 거치며 임상 경험을 해야 할 테니까요. 이 모든 단계가 쉽지 않은 과정입니다. 여기서 한 단계, 한 단계를 거칠 때마다 일반인은 감히 상상도 할 수 없을 정도의 공부량과 엄청난 실습을 해내야만 할 겁니다. 분명 포기하고 싶은 순간도 있을 테지요. 하지만 누군가는 그것을 해냅니다. 정말 쉽지 않은 과정이지만, 이미 치과 의사의 길을 걸어가고 있는 선배가 해냈던 방법과 공부량을 그대로만 소화하면 분명 해낼 수 있습니다.

제가 참 좋아하는 말이 있는데요, '켈리 최' 님도 자주 하던 말씀이에요. "He can do, she can do, why not me?" 정말 멋있지 않나요? 저는 이 말을 되새기며 힘들 때마다 힘을 얻곤 합니다. "할 수 있다"를 외치면 진짜로 할 수 있게 됩니다. 반면, '안 될 것 같은데?'라고 생각하면 정말 안 됩니다. 여기서 중요한 것이 또 있습니다. 바로 '할 수 있다는 의지를 가지는 것'입니다. 정말 신기하게도, "할 수 있다, 할 수 있다"를 외치면 진짜 할 수 있게 됩니다. 운동선수들이 왜 시합 전 파이팅을 외치고, 할 수 있다고 서로 외칠까요? 수많은 경험으로 할 수 있다고 외치고 되뇌면 정말 되는 것을 알기 때문입니다.

그러므로 턱걸이를 아직 못하신다면 PT 선생님의 코칭을 받아 시키는 대로 꾸준히 해나가면 머지않아 내 팔 힘으로 내 몸을 쭉 끌어당기는 매직을 경험하게 될 것입니다. 더 신기한 것은 딱 하나를 해내고 나면, 그다음부터 횟수를 올리는 것은 정말 순식간입니다. 개수가 정말 쭉쭉 올라갑니다. 모든 것은 내가 들인 노력만큼 정직하게 성과가 나옵니다. 그것이 공부건, 운동이건, 글쓰기건 무엇이든 말이죠.

여러분들은 지금 마음속에서 반딧불이처럼 희미하게 빛을 발하고 있는 작은 소망이 하나씩 있으시죠? '나 진짜 이거 되고 싶어.' 이런 것 말입니다. 그러니 마음속 깊은 곳에서 반딧불이처럼 희미하게 빛나는 욕망이 있다면 그것을 꺼내보세요. 하지만 많은 사람이 꾸준함을 유지하지 못하는 경우가 많은데, 왜 그런지 잘 살펴보면 다음과 같은 특징을 발견할 수 있습니다.

첫째, 완벽주의를 추구합니다. 완벽하게 하려다 보면 시작조차 못 하고, 조금만 실수해도 포기하게 됩니다. 완벽을 추구하기보다는 '어제보다 한 걸음 더 성장한 나'를 목표로 하세요. 둘째, 남과 비교합니다. SNS에서는 정말 잘난 사람들 천지로 보입니다. 모두가 엄친아, 엄친딸 같죠. 하지만 그건 그들의 삶이고 나는 나의 삶을 살아야 합니다. 그냥 나만의 발걸음과 나만의 방향으로 나아가세요. 흔들리지 말고요. 셋째, 한 방에 해결되길 기대합니다. 하지만 꾸준함의 결과는 대부분 오랜 기간이 지나야 비로소 나타납니다. 공부나 다이어트는 하루이틀 노력했다고 드라마틱한 변화가 오지 않거든요. 오랜 시간 빗물을 머금어야 비로소 씨앗이 싹을 틔우듯 지금 당장은 어떤 변화가 보이지 않더라도 꾸준히 노력을 기울이면 결과는 우리의 노력을 절대 저버리지 않습니다.

꾸준함은 의지력으로 해결되지 않습니다. 꾸준히 해나가기 위한 저만의 전략을 몇 가지 공개해 보겠습니다.

첫 번째, 정체성을 바꿔보세요. 의지력에 의존하는 '해야 한다'라는 다짐 대신, '나는 이런 사람이다'라는 정체성을 만드세요. '운동을 해야 해'가 아니라 '나는 건강한 삶을 사랑하는 사람이다'라고 생각하면 행동이 자연스럽게 따라옵니다. 정체성이 바뀌면 행동은 자연스럽게 따라오게 됩니다. 예를 들어 매일 아침 거울을 보며

"나는 ○○하는 사람이다"라고 스스로에게 말해보세요. 화장실 거울이나 현관 거울 또는 아무도 없는 엘리베이터에서도 좋아요. 처음엔 되게 어색하고 '이게 뭐 하는 짓인가?' 싶을 겁니다. 하지만 이렇게 하는 건 나의 정체성을 만들어가는 데 정말 큰 도움이 됩니다.

두 번째, 작은 성취의 경험을 해보세요. 큰 목표는 아주 작게 쪼개보세요. 예를 들어 운동화를 신고 나갔다가 와도 운동을 한 거예요. 책을 한 페이지만 읽어도 책을 읽은 거고요, 스쾃 딱 한 개, 글쓰기 딱 한 문장. 이렇게 아주 쉽게 할 수 있는 작은 목표를 정해서 그걸 성취해보세요. 이렇게 작은 성취의 경험을 하면 '나도 할 수 있구나!'라는 자신감이 생기고, 성취를 이어 나갈 수 있는 원동력이 되어 계속 성장해나갈 수 있어요. 턱걸이 하나를 성공하면 그다음부터는 횟수가 빠르게 늘어나는 것처럼 말이죠,

세 번째, 할 수밖에 없는 환경에 나를 밀어 넣으세요. 우리의 의지는 생각보다 약합니다. 따라서 의지에 기대지 마시고 할 수밖에 없는 환경에 나를 노출해야 합니다. 예를 들어, 아침에 운동하고 싶다면 운동복을 입고 잠드세요. 책을 읽고 싶다면 스마트폰은 눈에 안 보이는 곳, 꺼내기 힘든 곳에 멀리 두세요. 그리고 모임에 들어가는 것도 좋습니다. 모임에는 같은 목표를 가진 사람들이 있기에 자연스레 함께 실천해나갈 수 있게 됩니다.

우리가 원하는 목표를 향해 가는데 언제나 최고의 컨디션일 수만은 없습니다. 하지만 컨디션이 정말 엉망진창이더라도, 그냥 해나갈 수 있는 꾸준함이 결국 내가 원하는 결과를 만들어낼 수 있습

니다. 피겨의 여왕인 김연아 선수가 한창 현역으로 활동할 때 촬영한 한 인터뷰 장면도 꽤 유명합니다. 운동 전 몸을 풀고 있는 김연아 선수에게 리포터가 "무슨 생각 하면서 스트레칭하세요?"라고 묻자, 김연아 선수는 "무슨 생각을 해요…. 그냥 하는 거죠"라고 싱겁게 웃으며 스트레칭을 이어갔습니다.

결국 해내는 사람들, 자신의 꿈을 이루는 사람들의 공통점은 바로 '꾸준함'입니다. 화려한 재능이나 타고난 능력보다 더 중요한 것은 포기하지 않고 계속해서 한 걸음씩 나아가는 의지입니다. 여러분 안에도 이미 그 꾸준함의 씨앗이 있습니다. 마음속 깊은 곳에서 빛나고 있는 작은 소망을 발견하셨다면, 그것은 이미 여러분이 그것을 할 수 있는 능력이 있다는 증거입니다. 오늘부터 '해야 한다'라는 부담스러운 다짐 대신, '나는 ~하는 사람이다'라는 정체성을 가지고 작은 것부터 시작해 보세요. 매일 꾸준함으로 한 걸음씩 나아가다 보면 어느새 놀라운 변화를 경험하게 될 것입니다.

결국 해내는 사람은

무엇이 다른가

## 5장

# 지금, 우리는 가장 빛나는 순간 위에 서 있다

01. 하루 1퍼센트 성장이 주는 기적
02. 새로운 여정을 시작하는 마음가짐
03. 변화는 결정하는 순간 시작된다
04. 누구도 나를 대신할 수 없다
05. 삶은 언제나 가능성으로 가득하다
06. 당신만의 속도로 인생을 재설계하라
07. 지금, 우리는 가장 빛나는 순간 위에 서 있다

지금, 이 순간이 우리의 인생에서
가장 소중하며,
누구나 새롭게 시작할 수 있다.

## 01. 하루 1퍼센트 성장이 주는 기적

 우리가 매일 바라보는 핸드폰 액정이나 모니터는 돋보기로 자세히 보면 수많은 픽셀로 구성되어 있습니다. 이 수많은 픽셀이 모여 우리가 바라보는 사진, 동영상, 그리고 글씨들이 되는 것이죠. 모니터의 1920×1080이라는 숫자도 모니터의 가로, 세로에 각각 몇 개의 픽셀이 있는지를 뜻하는 것입니다. 만일 액정의 화소 한두 개에 불이 들어오지 않는다면 어떻게 될까요? 그 액정으로는 완벽한 화면을 구사할 수 없기에 불량품으로 폐기됩니다.

 우리는 매일 인생이라는 도화지에 하나의 점들을 찍어나가고 있습니다. 우리가 원하는 인생의 목표를 달성하기 위해서는 한순간에 모든 점을 찍어나가는 것이 아니라, 매일 그저 충실히 점을 찍어나가면 됩니다. 그렇게 점을 찍어나가다 보면 어느새 점들이 모여 선이 되고, 그 선들이 모여 면이 됩니다. 그 면을 쌓는다면 입체가 되기도 하지요.

 "Connecting the dots." 스티브 잡스가 스탠퍼드 대학교 졸업식 연설에서 한 말로 잘 알려져 있습니다. 스티브 잡스는 "사람들은 자신의 과거를 돌아보며 자신이 찍어온 점들을 이을 줄은 알지만,

미래를 내다보며 점들을 이을 능력은 없다"라면서, "언젠가 어떤 식으로든 점들이 이어질 거라는 걸 믿으라"라고 말했습니다. 여기서 눈여겨봐야 할 것은 '점을 잇는다'입니다.

저는 어릴 적 친구들과 땅따먹기라는 놀이를 했습니다. 종이를 한 장 꺼내서 친구와 함께 수없이 점을 찍습니다. 그런 후 가위바위보를 해서 순서대로 하나씩 점을 이어가며 삼각형이 그려지면 내 땅이 되는 거고, 그 땅이 많은 사람이 이기는 게임입니다. 이 게임을 하다 보면 정말 말도 안 되게 마구 찍어놨던 그 점들이 결정적인 순간에 내 삼각형을 만드는 데 결정적인 역할을 하며 게임에서 승리로 이끌게 하기도 합니다.

저는 이런 것들이 바로 스티브 잡스가 말한 Connecting the dots가 아닐까요? 왜냐하면 매일 충실히 살면서 점을 찍어가다 보면 그 점들이 어느 순간 하나로 이어지는 때가 오기 때문이죠. 때로는 엉뚱한 곳에 찍은 것 같아 우리 인생에 별로 쓸모없는 점처럼 느껴질 때도 있습니다. 하지만 계속 인생의 점을 찍어가다 보면 정말 생각지도 못한 순간 그때 엉뚱하게 찍었던 점이 신의 한 수가 되어 멋진 그림으로 연결되게 해주거든요.

제 딸아이가 대학교 입시를 마치고 운전면허를 딸 때였습니다. 함께 도로 주행 연습을 하면서 고속도로 운전을 해보라고 했더니 빠른 속도로 달려야 한다는 것에 적잖이 긴장하더군요. 초보운전자는 고속도로에 대한 막연한 두려움이 있기 마련입니다. 그래서 운전을 잘못 배운 초보운전자는 고속도로에서 안전(?)하게 저속주행을 하는 위험천만한 행동을 하기도 하지요.

이게 왜 위험한 행동일까요? 고속도로는 자동차가 빨리 달리도록 설계해놓은 도로이기 때문에 다른 자동차들과 함께 흐름에 맞춰 주행할 때 가장 안전합니다. 하지만 고속도로에서 혼자 천천히 달리고 있으면 고속으로 주행하던 다른 차들이 급하게 속도를 줄이거나 차선 변경을 해야 하므로 통행의 흐름이 깨집니다. 결국 급격한 조작으로 인해 대형 사고를 유발하게 되지요.

이건 고속도로보다 저속으로 달리는 골목길이 더 위험하고 사고 발생이 잦은 것과 같은 원리입니다. 고속도로는 비록 빠른 속도로 달리더라도 속도의 변화가 거의 없지만, 골목길은 달리는 속도는 느리지만 갑작스레 튀어나오는 보행자, 오토바이 때문에 급정거하거나 급격한 회피 동작을 해야 하죠. 이처럼 달리는 속도보다 속도의 변화 정도가 더 중요합니다. 우리가 놀이공원에서 롤러코스터를 탔을 때 짜릿함을 느끼는 이유도 단지 속도가 빨라서가 아니라 속도가 변화무쌍하기 때문이지요.

대부분 잊고 계시겠지만, 우리는 고등학교 수학 시간에 '등비수열'이라는 것을 배웠습니다. 이건 말 그대로 일정한 비율(등비)로 숫자가 나열(수열)되어 있는 것을 말하는데요. 놀랍게도 이 등비수열에서 인생의 지혜를 발견할 수 있습니다. 그건 바로 1퍼센트의 힘이에요. 만약 우리가 매일 1퍼센트씩 365일 성장하면 무려 1년 만에 38배로 성장해요. $(1+0.01)^{365}=37.78$ 하지만 매일 1퍼센트씩 후퇴하면 놀랍게도 1년 만에 원래 실력의 2.6퍼센트로 쪼그라드는 기

적을 경험하게 됩니다. $(1-0.01)^{365}=0.026$

무섭지 않나요? 이처럼 꾸준함은 마법과도 같은 힘을 가지고 있습니다. 꾸준함은 천재적인 재능보다 더 큰 힘을 발휘합니다. 주변에서 '재능이 있는 사람'보다 '꾸준히 노력하는 사람'이 결국 더 큰 성취를 이루는 경우를 쉽게 볼 수 있죠.

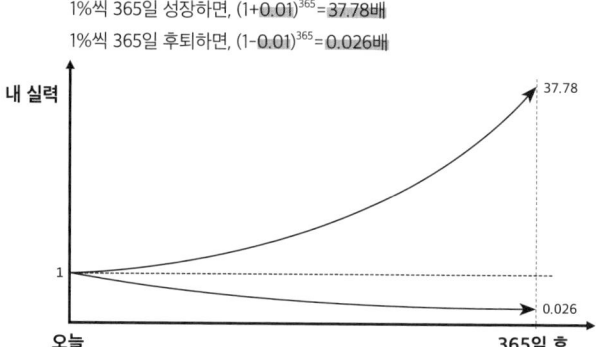

우리 인생도 그러합니다. 우리는 모두 다르게 생겼습니다. 생김새만큼이나 성격도 다르고 각자의 실력도 다 다릅니다. 그래서 누구는 시속 100킬로미터의 속력으로 달리기도 하고, 누구는 시속 30킬로미터의 속력으로 느릿느릿 가기도 하지요. 문제는 지금 달리고 있는 속력보다 내 속력의 변화가 어느 정도인지가 중요합니다. 지금, 비록 시속 30킬로미터의 속력으로 달리고 있다고 하더라도 꾸준히 속력을 높일 수만 있다면 시속 100킬로미터로 달리는 것은 시간문제입니다. 반면, 지금 시속 100킬로미터로 달리고 있다고 하더라도 속력을 높일 생각이 없다면 오늘도, 내일도 그저 100킬로미터로 달릴 뿐입니다.

사회생활을 하다 보면 자기가 가진 것을 절대 알려주지 않는 사람들을 보게 됩니다. 처음엔 '뭐 그리 대단한 거라고 그렇게 감추나?' 싶지만, 시간이 지나면 결국 그 진실을 알게 될 수밖에 없고, 심지어 그렇게 꼭꼭 비밀로 감추던 비법이 별것 아니란 사실을 알게 되면 안타까움에 헛웃음을 짓게 됩니다.

사실 이렇게 자신만의 비밀을 꼭꼭 숨기는 사람은 정말 안타까운 경우입니다. 왜냐하면 그토록 숨기는 비법이 가진 것 전부이기에 그걸 알려주면 자신은 끝장이기 때문이죠. 전형적인 고정형 마인드셋을 가진 사람입니다. 반면, 진짜 실력자는 자신이 알고 있는 비법을 모두 공개합니다. '이런 것까지 다 알려줘도 되나?' 싶을 정도로 다 알려주죠. 이는 성장형 마인드셋을 가진 사람이기에 가능한 겁니다. 이런 사람들은 자신이 알고 있는 것을 다 알려줘도, 그걸 따라올 동안 더 성장해 갈 자신이 있어서 그렇게 하는 거고, 알려준 상대가 성장하는 모습을 보며 행복해합니다. 서로 win-win 하는 거죠.

예전에는 직장에서 '몇 년 차'라는 말을 종종 사용했습니다. 지금도 통용되는 용어이기도 합니다. 이 말의 뜻은 많은 경험이 쌓여 있기에 연차에 비례해 실력도 비례한다는 통념을 기반으로 합니다. 물론 자신의 경력 기간에 비례해 실력이 느는 경우도 있지만, 지금 우리가 살아가는 세상은 반드시 경력과 실력이 비례하지만은 않습니다. 같은 10년 차라고 하더라도 진짜로 10년이라는 경력을 쌓은 사람이 있는가 하면, 그저 1년 치 경험을 10년간 반복한 사람들도 있기 때문이죠.

더군다나 지금은 연차라는 숫자가 아닌 진짜 실력을 검증할 수 있는 수많은 방법과 기회들이 있기에 연차만으로 들이미는 데는 한계가 있습니다. 그리고 이러한 방식으로는 앞으로 빠르게 변화하는 세상에서 살아남기 힘듭니다. 그러니 지금 나의 실력에 안주하지 말고, 내가 가진 것들을 주변에 나누며 다른 사람들과 함께 성장해 나가는 자세가 필요합니다. 결정적으로 내가 진짜 실력자라면, 내가 가진 것 다 알려줘도 어차피 다 따라 하지 못합니다. 그런 자신감을 가지고 매일 꾸준히 실력을 성장시켜 나가면 됩니다.

그러므로 지금 내가 남들보다 조금 느리더라도 빠르게 달리고 있는 사람과 비교하지 말고, 하루 1퍼센트 성장을 목표로 나아가는 데 집중해봅시다. 정상을 바라보면 결코 앞으로 나아갈 수 없습니다. 하지만 그저 한발 한발 내딛다 보면 우리는 결국 각자의 정상에 우뚝 선 자신을 발견하게 될 테니까요.

## 02. 새로운 여정을 시작하는 마음가짐

　제가 사는 시골 마을은 바다 근처에 있어 안개가 자주 낍니다. 아직 해가 뜨지 않은 깜깜한 어느 새벽, 수영을 가기 위해 집 밖으로 나섰습니다. 차의 전조등을 켰지만, 짙은 안개 때문에 앞이 잘 보이지 않아 속도를 낼 수도 없었습니다. 그런데 문득 앞에 무언가가 보였고, 그것이 무엇인지 인지하기도 전에 '저거 밟으면 안 돼!'라고 몸이 먼저 반응하며 피했습니다. 스쳐 지나가며 본 것은 차에 치인 고라니였습니다.

　가슴이 덜컥 내려앉는 순간이었지만, 무사히 짙은 안개를 뚫고 수영장에 도착해 기분 좋게 하루를 시작할 수 있었습니다. 수영을 마치고 나오며 문득 이런 생각이 들었습니다. '앞이 보이지 않고 무섭다고 그 자리에 멈춰 있었다면 결국 아무 데도 갈 수 없겠구나.'

　새로운 여정을 시작할 때, 이처럼 안개 속에 서 있는 것과 같습니다. 그래서 앞이 보이지 않는 막막함과 두려움에 사로잡혀 쉽사리 앞으로 나아가지 못하죠. 불확실한 미래를 헤쳐 나가는 과정에서 때로는 넘어지고 부딪히며 상처를 입기도 합니다. 그러나 우리는 이것을 두려워해서는 안 됩니다. 비록 넘어지고 부딪히더라도 그

것은 우리가 성장하기 위해 겪어야 할 자연스러운 과정이기 때문입니다. 두렵다고 아무것도 하지 않으면 아무 일도 일어나지 않습니다.

그런데 이렇게 앞이 보이지 않는 막막한 미래를 앞에 두고 용기를 내어 한 발 내디디려고 할 때 불현듯 과거의 상처와 실수가 떠올라 발목을 붙잡곤 합니다. 하지만 이 또한 용기 내어 떨쳐내야 합니다. 물론 아픈 기억이 갑자기 씻은 듯이 사라지지는 않습니다. 하지만 옷에 더러운 게 묻었다고 해서 계속 속상해하기만 하면 나만 손해입니다. 따라서 더러운 걸 닦아내던지, 얼른 벗고 다른 깨끗한 옷으로 갈아입어야만 합니다.

옷에 이미 묻어버린 더러운 건 이미 벌어진 일입니다. 따라서 내가 어떻게 할 수도 없죠. 다만, 할 수 있는 것이 하나 있는데, 그건 바로 더러운 옷을 벗고 새로운 옷으로 갈아입는 것입니다. 더러운 것이 묻었던 일로 인해 기분이 나빠질 수는 있지만, 새로운 옷으로 갈아입으면 더 이상 그 일은 내게 영향을 주지 않습니다. 반면, '도대체 왜 그 더러운 게 내게 묻었을까?'라는 생각에 사로잡힌다면 지나가 버린 과거가 오늘의 나를 사로잡게 됩니다. 과거의 실수와 상처를 계속 떠올리는 대신, 지금 내가 할 수 있는 일을 하는 게 중요합니다. 새로운 옷을 입고 새로운 출발을 해야 합니다. 그것이 바로 진정한 변화이고 새로운 시작입니다.

대학생들에게 미래에 관해 물어보면, 많은 학생이 불확실한 미래에 대한 두려움을 호소합니다. 그래서인지 안정적인 길을 원하는 경우가 대부분입니다. 하지만 어떤 길이 안정적인지도 모르겠고, 막막함을 어떻게 해결해야 할지도 모르겠다며 불안함의 쳇바퀴를 돌고 있습니다. 그래서 저는 학생들에게 막연해하지 말고, 다양하게 도전해보고 실패를 경험해보라는 피드백을 해줍니다.

어쩌면 제 피드백이 학생들에게는 안 그래도 막막한데 더 막막하게 하는 걸로 느껴져 불편했을지도 모릅니다. 저 역시 '학생들이 더 막연해할 피드백을 해줬나?'라는 생각에 살짝 후회하기도 합니다. 하지만 제가 듣기 좋은 달콤한 말만 해줄 것이었다면 이런 피드백은 필요도 없었을 것입니다. 이 조언을 쓴 약으로 받아들일지, 귀찮은 잔소리로 받아들일지는 학생들의 몫이니까요.

불안함이 찾아오면 우리 마음속엔 부정적인 감정이 쉽게 싹틉니다. 문제는 우리가 부정적인 생각을 하면 결국 그 생각대로 행동하게 된다는 것입니다. 부정적인 감정은 긍정적인 감정보다 힘이 세기 때문에 쉽게 우리를 지배해 버립니다. 맑은 물에 잉크가 한 방울 떨어지면 그 물은 더 이상 마실 수 없습니다. 물속으로 이미 퍼진 잉크는 핀셋으로 집어서 꺼낼 수도 없죠. 이럴 때 물을 맑게 만드는 가장 쉽고 확실한 방법은 압도적으로 많은 양의 맑은 물을 부어 희석하는 것입니다.

우리의 마음도 이와 같아서 한 번 마음속으로 들어온 부정적인 생각은 아무리 작은 것이라 할지라도 우리의 맑은 정신 전체를 더럽힙니다. 까만 잉크 한 방울처럼 말이죠. 따라서 혹여 부정적인 생각이 들어와 마음을 흔들어 놓는다면 압도적으로 더 많은 양의 긍정적인 생각으로 희석해버리면 됩니다. 저는 그래서 늘 긍정적인 생각을 하려고 노력합니다. 이렇게 압도적으로 많은 양의 긍정적인 생각을 하며 지낸다면, 설령 부정적인 생각이 들어오더라도 우리 마음속에서 기를 펴지 못하게 됩니다.

'말'이라는 것은 '생각'에서 나옵니다. 생각은 우리 머릿속에서 상상하는 모든 것들로, 뇌 속의 신경세포들이 미세한 전기 신호를 주고받으며 '기억'과 '생각'이라는 형태로 마음속에 각인됩니다. 결국 우리가 하는 말이 곧 생각입니다. 저는 가급적 부정적인 말을 하지 않으려고 합니다. 왜냐하면 부정적인 말은 부정적인 생각을 불러오고, 이는 별로 도움이 되지 않기 때문입니다. 대신 늘 '긍정적인 생각'과 '할 수 있다라는 생각'을 가지고 하루하루를 지냅니다. 이런 생각은 제 미래를 바꾸어가고 있습니다. 긍정적인 말은 제 인생을 바꾸는 변화의 시작입니다.

새로운 나로 살아가기 위해서는 기존의 굴레에서 벗어나는 과정이 필요합니다. 이 과정은 절대 순탄치 않고, 못난 나를 받아들이고 변화하는 고통을 겪어야 합니다. 이 고통은 누구나 피하고 싶어 하지만, 이것을 받아들이고 앞으로 나아갈지 말지를 선택하는 것은 결국 자신입니다. 이 고통을 피하지 않고 받아들일 때만 비로소 진정한 성장이 시작됩니다.

우리는 종종 끝을 두려워합니다. 왜냐하면 끝이 곧 '상실'이라고 생각하기 때문이죠. 익숙한 환경과의 이별, 안정감의 상실, 그리고 다가올 미래에 대한 불확실성 때문입니다. 하지만 조금만 달리 생각하면 끝은 새로운 시작의 출발점이 됩니다. 퇴사를 생각해봅시다. 누군가는 퇴사를 '커리어의 끝'이라고 여기지만, 다른 누군가는 더 나은 성장을 위한 기회로 삼습니다. 졸업 역시 '학생 신분의 끝'이 아니라 새로운 도전을 향한 첫걸음이 될 수 있습니다.

이처럼 끝을 어떻게 정의하느냐에 따라 그 의미는 완전히 달라집니다. 같은 끝을 맞이하고도 누군가는 종결을 생각하고, 또 누군가는 시작을 생각하죠. 그러니 끝이 다가올 때 그것을 좌절이나 허탈감의 이유로 삼기보다는 다음 도약을 위한 발판으로 받아들여 보세요. 그러면 끝은 더 이상 두려운 것이 아니라 기대할 만한 것이 됩니다.

우리의 삶도 언젠가는 끝이 납니다. 누구도 이 운명을 피할 수는 없죠. 중요한 것은 "마지막 순간이 왔을 때, 내가 후회 없는 삶을 살았다고 말할 수 있는가?"입니다. 후회 없는 삶이란 미뤄둔 일이 없는 삶입니다. 하고 싶었지만 두려워서 하지 못한 일, 용기가 부족해 미뤄둔 선택들이 있다면 결국 후회로 남습니다. 그러니 지금 당장 끝을 두려워하지 말고, 언제든 새로운 시작을 할 수 있는 용기를 내어 보세요.

오늘 하루를 삶의 마지막 날이라고 생각하며 살아보는 것도 좋습니다. 그러면 어떤 선택을 하던 후회 없이 최선을 다하게 됩니다. 그렇게 하루하루를 살아간다면, 우리의 삶은 후회 없는 인생으로 채워질 것입니다.

우리는 모두 안개 속에 서 있습니다. 새로운 여정을 시작하는 지금, 막막함과 두려움을 잠시 내려놓고 할 수 있다는 믿음과 긍정적인 마음으로 한 걸음씩 내디뎌 보세요. 끝을 두려워하지 말고, 새로운 시작을 스스로 만들어 나가세요. 내가 선택하는 그 발걸음이 내 미래를 만들어갑니다. 지금, 이 순간 용기 있게 새로운 발걸음을 내디뎌가길 진심으로 응원합니다.

## 03. 변화는 결정하는 순간 시작된다

매년 입시 철이 되면 누군가는 원하는 대학에 합격해 환호하고, 누군가는 아주 만족스럽진 않아도 수긍하며, 또 누군가는 아쉬움을 뒤로한 채 또 한 번의 도전을 준비합니다. 입시 결과는 많은 것을 좌우하지만, 과연 이게 우리 삶의 전부일까요? 시험 점수가 예상보다 낮은 결과가 나왔다면 이를 인정하기란 참 쉽지 않습니다. 그래서 우리는 자주 현실을 부정하곤 합니다.

"원래 이 학교는 내 수준과 맞지 않아. 그저 운이 나빠 수능을 망친 것뿐이야."

"내가 그날 컨디션이 좋지 않았어."

"나는 여기에 올 사람이 아니었는데, 운이 나빠서 이 회사에 오게 되었어."

처음에는 이렇게 외부에서 원인을 찾으면 잠시나마 현실을 외면할 수 있습니다. 하지만 불편한 진실은 내가 받아 든 결과가 딱 내 수준이라는 겁니다. 이 상황에서 우리는 두 가지 선택지 앞에 서게 됩니다. 첫 번째는 현실을 끝없이 부정하며 운을 탓하는 것입니다. 이런 사람은 자신을 둘러싼 모든 일이 운의 영역이라고 생각하며,

변화할 기회를 스스로 놓칩니다. 두 번째는 현실을 인정하고, 앞으로 무엇을 할지 고민하며 성장의 길을 모색하는 것입니다. 이 사람들은 실패를 받아들이고 다시 일어서기 위해 노력합니다. 이런 식의 사고방식을 《마인드셋》의 저자 캐럴 드웩은 각각 '고정형 마인드셋'과 '성장형 마인드셋'이라고 부릅니다.

고정형 마인드셋은 운명을 탓하며 현실을 부정합니다. '운이 나빠서 실패했을 뿐'이라고 생각하기 시작하면 성장의 기회를 놓치게 됩니다. 남 탓을 하면 이 문제를 해결 방법도 내가 아닌 남에게 주도권을 넘기는 거니까 내가 어떻게 할 수 있는 게 없습니다. 반면 성장형 마인드셋은 현실을 인정하고 앞으로 나아갈 방법을 찾습니다. 반수, 편입, 전문 자격증 취득 등 스스로를 성장시킬 방안을 모색하게 됩니다. 성장형 마인드셋을 가진 사람은 불편한 진실을 있는 그대로 받아들이고, 이를 발판 삼아 새로운 기회를 만들어갑니다. 결국 중요한 것은 우리가 어떤 마인드셋을 가지느냐입니다.

얼마 전, 스레드에 이런 취지의 글을 올린 적이 있습니다.

"대학 서열 표로 나보다 낮은 서열의 학교 학생들에게 우월감을 가지면, 같은 논리로 나보다 높은 서열의 학교 학생들에게 무시당한다."
"결국 내가 더 나아지려면, 못난 내 모습을 있는 그대로 인정하고 앞으로 나아가야 한다."

이 글을 본 누군가는 이런 얘기를 하면 발작 버튼 누르고 달려드는 사람이 있으니 조심하라고 조언해주었고, 실제로 "이 등급표는 옛날 거다" "세상은 운이다" "넌 학교 어디 나왔냐?"라며 발끈하는 댓글들이 달렸습니다.

물론 우리 삶은 상당 부분 운에 의해 좌우되는 것이 사실입니다. 하지만 운도 실력을 갖추고 있어야 잡을 수 있습니다. 성장형 마인드셋을 유지하기 위해선 우리의 마음을 긍정적으로 만들어야 합니다. 혹시 '걱정'이란 감정에 대해 깊이 생각해보신 적 있나요? 걱정이란 결국 내가 원하지 않는 일을 계속해서 마음속에 그려보는 것입니다. 자꾸만 걱정하면 우리의 무의식은 정말 그 일이 일어나도록 행동하게 됩니다.

자동차를 운전할 때는 시선을 전방에 두고, 핸들과 페달을 조작하며 목적지를 향합니다. 전방을 보고 판단한 결과에 따라 손으로 방향을 틀기도 하고, 가속페달과 브레이크페달을 밟기도 합니다. 만약 멈춰야 하는데 브레이크가 아닌 가속페달을 밟으면 어떻게 될까요? 네, 차는 급가속을 하며 대형 사고로 이어집니다. 최근에 급발진이라 주장했지만, 알고 보니 브레이크페달이 아닌 가속페달을 밟아 여러 사람을 다치게 했던 사고들이 실제로 있었지요.

우리 마음속에 깊이 자리한 의식도 진짜라고 생각하는 것을 토대로 내가 내리는 명령대로 움직입니다. 이는 마치 운전자가 '감속해야겠다'라고 인식해서 브레이크를 밟는 것과 같습니다. 브레이크는 "왜 이만큼 밟죠?"라고 되묻지 않습니다. 브레이크 유압시스템이 운전자가 페달을 밟은 만큼 아주 정직하게 반응할 뿐입니다.

마음도 비슷합니다. 우리가 반복해서 생각하고 말하는 것들이 우리의 의식에 영향을 주고, 결국 우리의 행동과 결과를 좌우합니다. 만약 우리가 '아, 난 왜 이렇게 되는 일이 없을까?'라고 매일 되뇌면 어떻게 될까요? 네, 우리 마음속 의식은 이 말을 그대로 받아들이면서 결국 안 되는 상황이 되도록 행동하게 합니다. 따라서 걱정하는 것은 우리가 그 일이 실제로 일어나도록 비는 것과 같습니다. 수박씨를 뿌리면 수박이 나듯, 걱정하면 걱정한 일이 벌어지는 것입니다. 부정적인 감정이 든다면 그 감정들을 엄청나게 많은 양의 긍정적인 감정으로 희석해야 합니다.

이를 실천하는 가장 좋은 방법은 내가 말하는 것, 보는 것, 그리고 듣는 것을 바꾸는 것입니다. 가장 먼저 할 수 있는 것은 바로 말하는 것을 바꾸는 것입니다. 그러니 "난 충분히 해낼 수 있어!"라고 강한 확신을 가지고 말을 해보기를 바랍니다. '확언'을 쓰고 읽는 것도 내가 원하는 것을 위해 의도적으로 내뱉음으로써 내 안에 남아 있는 부정의 기운을 씻어내는 가장 효과적인 방법의 하나입니다.

저도 처음에 확언을 배웠을 때 정말 말도 안 된다고 생각했습니다. 그리고 제 마음속에서 '이게 되겠어?'라는 부정적인 생각이 크게 남아 있었기에 당연히 잘 되지 않았습니다. 하지만 수십 년간 그러고 살아왔는데 그게 당연히 한 번에 바뀔 리 없다는 사실을 인정하고, 할 수 있는 작은 것부터 하나씩 바꿔나가기 시작했습니다. 그렇게 하나하나 실현을 해나가다 보니 '아, 이거 진짜 되는구나!'

라는 확신이 생기며 점차 더 큰 꿈을 키워나가고, 또 실현해가고 있습니다.

우리 내면에 깊이 자리하고 있는 의식은 말에 정말 취약합니다. 운전대를 돌리면 차가 나가는 방향이 달라지듯 말하는 대로 그냥 받아들일 뿐입니다. 따라서 이런 특성을 이용해 우리가 원하는 방향으로 갈 수 있도록 의도적으로 정보를 입력해 주면 되는 것이지요. 이걸 다른 말로 '암시'라고 합니다. 따라서 자꾸 "할 수 있다"라는 말을 일부러 의도적으로 내뱉어야 합니다. 부정적인 암시, 말은 멀리해야 합니다. 또한 보고 듣는 것도 바꿔야 합니다.

저는 뉴스를 일부러 잘 안 봅니다. 왜냐하면 뉴스는 자극적인 것들을 보내야만 하는 특성이 있기에 가장 자극적인 기사, 특히 부정적이고 안 좋은 기사들을 반복적으로 송출합니다. 이런 것을 자꾸 보게 되면 세상은 정말 우울하고 곧 망할 것만 같다는 생각이 듭니다. 당연히 우리의 생각도 피폐해집니다. 그런 것을 보는 것보다 내가 원하는 모습을 자꾸 보고 들으며 상상해야 합니다. 이렇게 하는 것이 바로 '비전 보드'입니다. 원하는 모습을 끊임없이 생각하고 상상하면 우리 인생도 원하는 목표를 향해 끊임없이 경로를 수정하며 나아가게 됩니다. 마치 스마트 폭탄이 바람에 떠밀려도 계속 방향을 수정해 목표물에 명중하듯 말이죠.

이것은 저만의 의견이 아니라 성공한 수많은 사람이 공통으로 하는 말입니다. 처음에는 '이게 되겠어?'라는 생각이 들 수 있습니다. 솔직히 저도 그랬거든요. 하지만 무슨 큰돈이 드는 것도 아니고, 힘든 것도 아닌데 하지 않을 이유가 없잖아요. 제 핸드폰 배경화면은 제 비전 보드로 되어 있습니다. 하루에도 수십 번씩 쳐다보죠. 저는 결국 비전 보드에 있는 제 모습을 현실로 이룰 거라는 확신이 있습니다. 실제로 이미 이룬 것들도 있고요. 저는 여러분들이 이걸 꼭 한 번 해보셨으면 좋겠습니다. 여러분들이 이걸 해보겠다고 결정하는 순간 변화가 시작될 거니까요. 이 글을 읽는 지금, 자신에게 한 번 질문해 보세요.

"지금 나는 어디로 향하고 있는가?"

"지금 내가 걷고 있는 길이 정말 내가 원하는 미래로 연결되는가?"

이 질문을 통해 내면을 돌아보고 긍정적인 생각과 확언을 꾸준히 실천해보세요. 처음엔 어렵고 어색할 수도 있지만, 작은 성공을 경험하다 보면 자신감이 생기고 인생은 점점 달라질 것입니다. 변화는 먼 미래에 일어나는 것이 아니라, 바로 지금 여러분이 내리는 결정으로 시작됩니다. 과거의 실패나 상처에 묶여 앞으로 나아가지 못했던 자신을 인정하고, 이제부터는 성장형 마인드셋을 가지고 새로운 길을 향해 꾸준히 걸어보세요. 지금, 이 순간 자신에게 이렇게 말해보세요.

"나는 충분히 할 수 있어. 나는 결국 내가 원하는 미래를 만들 수 있어."

못난 나의 모습을 있는 그대로 인정하고, 성장을 위해 앞으로 나아갈 방향을 모색하여 거기에 집중해야 합니다. 이를 위해서는 긍정적 마인드를 가져야 합니다. 늘 좋은 생각과 좋은 말을 하고, 확언과 비전 보드를 통해 가고자 하는 방향을 명확하게 그려보세요. 이 방법은 이미 성공한 수많은 사람이 공통으로 실천하는 방법입니다. 의심하지 마세요. "나는 할 수 있다"라는 확신으로 변화를 시작해보세요. 그러면 우리는 우리의 마음이 이끄는 대로 살아가게 될 것입니다. 여러분의 빛나는 미래를 진심으로 응원합니다.

## 04. 누구도 나를 대신할 수 없다

제가 어릴 적 〈맥가이버〉라는 미국 드라마가 유행했습니다. 위기 상황에서 기지를 발휘해 문제를 해결하던 주인공 맥가이버는 항상 손에 스위스 아미 나이프, 즉 '맥가이버 칼'을 들고 있었습니다. 하나의 도구에 칼날, 가위, 드라이버, 톱, 와인 오프너, 핀셋 등 다양한 기능이 포함된 이 칼은 만능 도구의 대명사였죠.

10여 년 전, 제가 한 국제협약에 우리나라 외교 대표단으로 참석하기 위해 스위스 제네바에 처음 갔을 때의 일입니다. 시차 적응이 되지 않았지만, 스위스에 왔으니 동네 구경도 할 겸 시내를 둘러보았습니다. 한 기념품 가게에 맥가이버 칼이 전시된 걸 봤습니다. '스위스에 온 기념으로 맥가이버 칼 하나 사 갈까?'라는 생각이 들었지만, 막상 매장에 진열된 걸 보니 가격도 비싸고 '굳이 이걸 사야 하나?' 싶어, 그냥 나왔습니다.

실제로 맥가이버 칼은 캠핑을 가거나 야외 활동 시 매우 유용하지만, 집에서 사용하기엔 그다지 실용적이지 않습니다. 왜 그럴까요? 그 이유는 간단합니다. 집에서는 각기 다른 기능을 제대로 수행할 수 있는 전문 도구들이 있기 때문입니다. 야채를 썰 때는 크고 잘 썰리는 부엌칼을, 나사못을 조일 때는 전동 드라이버를, 톱이 필요하면 직쏘(전동 톱의 일종으로 금속, 목재 등을 절단할 수 있음)나 원형 톱을 사용합니다. 이게 없을 때나 임시방편으로 쓰는 게 맥가이버 칼이죠.

이처럼 각자 자신만의 강점과 특화된 분야가 있어야 합니다. 모든 것을 다 잘하려고 하면 결국 아무것도 잘하지 못하게 됩니다. 많은 사람이 "나는 여러 가지를 잘하고 싶다"라고 말하지만, 그런 생각은 오히려 비효율적일 수 있습니다. 다 잘하는 사람이 되기보다는, 자기만의 독특한 강점을 찾아 그것에 집중하는 것이 중요합니다. 요즘 사람들은 자신이 무엇을 잘하는지 찾기보다, 못하는 것을 채우는 데 에너지를 씁니다. 특히 취업을 준비하는 청년들은 자신만의 강점을 드러내기보다 부족한 점을 보완하려 애쓰죠. 물론 자기 계발은 중요합니다. 하지만 모든 걸 다 잘하려고 하다 보면, 정작 자신이 가장 잘할 수 있는 것을 놓칠 수 있습니다.

저도 마찬가지입니다. 저에게 멋진 디자인을 해달라고 하면 저는 못 합니다. 아마도 세상에서 가장 촌스러운 색상과 레이아웃을 내놓겠죠. 또한 제 앞에 다친 사람이 있다면 소독약과 연고 정도는 발라줄 수 있을지 몰라도, 제대로 된 진단과 치료는 할 수 없습니다. 하지만 제 전문 분야를 쉽게 설명하는 일이라면 자신이 있습니다. 이처럼 우리는 각자의 영역과 전문성을 가지고 있습니다. 이런 나만의 특별함을 발굴하고 키워나가는 것이 중요합니다. 모든 것을 다 잘하는 것은 사실상 불가능하니까요.

이제는 나만의 특별함을 찾아 그것을 더욱 강화하기 위해 노력해야 합니다. 이것은 선택이 아닌 필수입니다. 저의 첫 책에서 인공지능 시대에 나만의 특별함이 있는 글을 써야 한다고 주장하는 이유도 여기에 있습니다. 책이든 블로그 글이든, 남들과 비슷하고 나만의 색깔이 없는 글은 사람들이 읽을 이유가 없습니다. 어디서나 볼 수 있는 내용이니까요.

대학에서 강의할 때 학생들에게 내어준 과제를 검토하다 보면 흥미로운 사실을 발견하게 됩니다. 그건 바로 학생들의 과제 완성도가 높아질수록 그 내용은 점점 더 비슷해진다는 것입니다. 다시 말해, 학생들의 과제물이 점점 더 획일화되는 현상이 나타나는 거죠. 이걸 보고 있노라니 취준생들의 자기소개서에 대해서도 생각하게 되었습니다. 많은 취준생은 '자소서 잘 쓰는 법'을 따르기 위해 엄청난 노력을 기울입니다. 하지만 그 결과, 자소서가 점점 비슷해지고, 모두 같은 방식으로 작성하게 되죠. 한편, 인사 담당자 입장에서는 '그 나물에 그 밥'이므로 특별한 무언가가 없다면 굳이 뽑을 이유가 없습니다. 마치 슈퍼마켓 매대에 진열된 똑같은 샴푸 중에서 맨 앞에 있는 것을 고르는 것과 같습니다. 모두 똑같다면, 굳이 안쪽에 있는 샴푸를 찾을 이유가 없는 것처럼요.

얼마 전 한 대기업의 인사 담당자를 만났습니다. 직접 자기소개서를 읽고 면접 대상자를 선정하는 역할을 하고 있기에 어떤 자기소개서를 선택하고 어떤 것을 탈락시키는지 물어봤습니다. 뭐라고 했을까요? "그저 그런 색깔이 없는 자기소개서는 가차 없이 버린

다"라고 했습니다. 반면, 자신만의 색깔이 확실하고 지원 동기와 준비 과정이 명확한 자기소개서는 면접 대상으로 올리고 말이죠. 사실 이건 너무나 당연한 이야기입니다. 수백, 수천 명의 자소서를 보는데, 모두가 비슷한 내용을 적고 있다면 누가 그걸 뽑겠어요? "글로벌 기업에서 제 역량을 펼치겠다" "동아리 활동으로 팀워크의 중요성을 배웠다"라는 식의 뻔한 내용은 사실상 "제 자기소개서를 버려주세요!"라고 말하는 것과 다름없죠.

김성근 전 야구 감독은 한때 투수를 너무 자주 교체한다는 이유로 비판받았습니다. 당시에는 자주 교체하는 방식이 일반적이지 않았기 때문입니다. 하지만 시간이 지나면서 이 전략이 팀의 승리에 큰 효과가 있다는 것이 입증되었고, 결국 다른 팀들도 이 방법을 도입하게 되었습니다. 새로운 길을 먼저 개척한 사람들이 시장을 장악하는 사례들은 수없이 많습니다. 애플, 테슬라가 그 예죠.

새로운 시도를 하면 많은 사람이 반대합니다. 왜냐하면 대부분은 자신들이 해오던 방식만으로 문제를 해결하려 하기 때문입니다. 그러나 여러분, 생각해보세요. 사람들이 "안 된다"라고 했던 것 중에서 지금은 당연하게 여겨지는 것이 얼마나 많나요? 인터넷 쇼핑이나 SNS가 처음 등장했을 때도 많은 사람이 비웃었습니다. 결국 성공한 사람들은 남들과 다른 길을 선택한 사람들이었습니다. 아무도 가보지 않은 길에 실패할지도 모른다는 불안감을 안고 한 걸음씩 나아가는 것은 절대 쉽지 않습니다. 하지만 나만의 독특함과 강점을 믿고 이 불안감을 떨쳐내고 결국 목적지에 도달하면, 그제야 자신의 발자취를 따라오는 사람들에게 '통행료'를 걷습니다. 이처럼 위대한 사람은 대단한 일을 하는 사람이 아니라 아무도 가보지 않은 길을 묵묵히 걸어가는 사람입니다.

다른 사람이 여러분을 어떻게 평가하든 거기에 자신을 맞출 필요는 없습니다. 살면서 우리는 여러 가지 형태로 수많은 거절을 경험합니다. 그래도 자신의 가치를 굳건히 믿는 것이 중요합니다. 그것은 단지 상대와 내가 아직 맞지 않았을 뿐, 거절당했다고 내 가치가 훼손되는 건 아니기 때문이죠.

우리가 지금 사는 시대는 매우 빠르게 변하고 있습니다. AI와 로봇 공학의 발전으로 많은 직무가 자동화되고 있습니다. 따라서 이제는 정해진 일을 빠르게 잘 해내는 것보다 창의적인 문제 해결 능력이 더 중요해졌습니다. 예전처럼 모든 걸 잘한다는 것보다 '남들이 하지 못하는 것' '남들이 하지 않은 방식으로 문제를 풀 수 있는 능력'이 훨씬 더 중요한 시대입니다. 그렇다면 우리는 어떻게 남들과 차별화될 수 있을까요? 그건 바로 '나만의 특별함'을 찾고 그것을 강화하는 것입니다. AI가 아무리 잘한다고 해도 인간만이 할 수 있는 창의적이고 직관적인 문제 해결은 대체할 수 없으니까요. 결국 내가 원하는 삶을 살아가는 건 바로 이 '나만의 색깔'을 잘 살리는 것에서 시작됩니다.

## 05. 삶은 언제나 가능성으로 가득하다

"과외 생각은 안 해봤어요?"

회사 후배들이나 대학생들과 이야기를 나누다 보면 충분히 능력이 있음에도 불구하고 의외로 과외를 해볼 생각을 아예 안 했다는 사실을 알고 놀랄 때가 많습니다. 여기서 눈여겨봐야 하는 것은 과외가 아니라 "해볼 생각 자체를 안 했다"라는 겁니다.

무언가 이루고 싶은 게 있거나, 되고 싶은 것이 있다면 그 첫걸음은 어디서부터 시작될까요? 네, 바로 '마음을 먹는 것'에서부터 시작됩니다. 너무나 당연한 이야기라고 생각하실 수도 있겠지만 사실 이 당연한 진리를 대부분은 쉽게 간과하고 있습니다. 생각하지 않고, 마음을 먹지 않으면 결코 행동으로 이어질 수 없기 때문이죠. 물을 마시기 위해서는 '물을 마셔야겠다'라고 생각하는 것이 먼저이듯 말이죠.

제아무리 뛰어난 인공지능이나 컴퓨터라 할지라도 사람이 입력값을 넣고 명령하지 않으면 아무런 작동을 하지 않듯, 우리의 삶에서도 무언가를 시작하려면 일단 마음을 먹어야 합니다. 마음을 먹는 행위는 마치 화분에 씨앗을 심는 것과 같습니다. 씨앗을 심지 않았는데 싹이 자라날 수는 없으니까요.

저는 자그마한 정원이 있는 시골의 단독주택에서 살고 있습니다. 우리 가족은 모두 과일을 무척 좋아하는데, 과일을 먹고 남은 껍질과 씨앗들을 따로 모아 퇴비로 사용하고 있지요. 지금 살고 있는 집으로 이사 온 지 얼마 되지 않았을 때였습니다. 평소처럼 과일 찌꺼기를 퇴비로 만들기 위해 화단에 묻었는데, 얼마 지나지 않아 낯익은 잎사귀가 화단에서 싹을 틔우더군요. 자세히 보니 수박과 멜론 싹이었습니다. 네, 수박씨와 멜론 씨가 싹을 틔운 거였어요.

이후 우리 가족은 이 수박과 멜론을 애지중지 키웠고, 얼마간의 시간이 흐른 뒤 드디어 맛있는 수박과 멜론을 수확해 먹을 수 있었습니다. 과일 씨앗을 심으면 싹을 틔우고 이게 자라면 열매를 맺는 것이 어찌 보면 당연한 자연의 섭리인데도, 우리는 슈퍼마켓에서 과일을 사서 먹는 것이 일상화되어 있다 보니 특별한 일처럼 느껴졌습니다.

우리의 삶도 이와 마찬가지입니다. 원하는 결과를 얻으려면 반드시 그에 맞는 씨앗을 심어야 하죠. 수박 씨앗을 심었는데 딸기가 자랄 리 없고, 멜론 씨앗을 심었는데 방울토마토가 싹을 틔울 리 없습니다. 마찬가지로 우리가 인생에서 이루고 싶은 목표가 있다면 그 목표를 이루기 위한 씨앗을 심어야 합니다. 바로 '하기로 마음을 먹는 것'이지요. 여기에 노력이라는 물을 주고, 끈기라는 햇볕을 쬐어주며 키워낼 때 비로소 원하는 열매를 맺을 수 있게 됩니다.

한편, 우리는 행동에 나서기 전 완벽한 계획을 세우려 합니다. 대개는 무언가를 시작하기 전에 관련된 정보를 수집하고, 수집된 정보를 토대로 나름의 계획을 세웁니다. 이 과정에서 이전에는 보지 못했던 위험 요소들과 장애물들이 하나둘씩 보이기 시작합니다. 이때 우리 머릿속에서는 경고등이 켜집니다. 인간은 본능적으로 손실 회피 경향이 강하기 때문에, 이런 문제점들이 발견되었을 때 발생할 수 있는 손실을 막기 위해 대안을 세웁니다. 원래 계획이자 최상의 시나리오인 Plan A 외에 Plan B, Plan C도 준비하지요. 그런데 진짜 문제는 여기서 발생합니다. Plan B, Plan C를 세우다 보면 실패했을 때의 두려움이 커지기 시작하는 것입니다.

결국 이 도전을 그만둘 수밖에 없는 이유가 또 다른 쓰나미가 되어 마음속을 휩몰아칩니다. 이른바 '그만둬 쓰나미'입니다. 이제까지 잘해보려고 했던 마음가짐들은 이 그만둬 쓰나미에 속절없이 쓸려갑니다. 결국 우리는 그만둘 수밖에 없는 이유를 찾아내기 시작하고, 알아보면 알아볼수록 그만둘 수밖에 없는 이유가 엄청나게 쏟아져 나오게 되죠.

하지만 처음 시작할 때 다짐했던 것들, 주변에 말했던 계획들을 생각하면 여기서 포기하는 것이 창피하게 느껴지기도 합니다. 그래서 처음에 발견하지 못했던 위험 요소들을 발견했고, 이대로 진행했다간 큰 실패를 면치 못할 것이기에 궤도를 수정한 것이라고 합리화하기 시작합니다. '이대로 시작했으면 큰일 날 뻔했어'라고 말이지요. 결국 시작도 해보기 전에 포기하는 것이 낫겠다고 생각하고 그 지점에서 멈춰버립니다. 이것이 많은 사람이 시도도 하지 않고 중간에 포기하는 이유입니다.

그러나 돌이켜보면 역사 속 위대한 성취들은 결코 완벽한 상태에서 이뤄지지 않았습니다. 스티브 잡스가 아이폰을 최초로 발표하던 날에도 해결하지 못한 수많은 오류가 있었습니다. 아이폰 앱이 아직 미완성 단계여서 A라는 기능을 작동시키면 B라는 기능이 먹통이고, B라는 기능을 작동시키면 C라는 기능이 먹통이었습니다. 결국 여러 대의 아이폰을 준비해서 A 기능을 보여줄 때는 A 기계를, B 기능을 보여줄 때는 B 기계를 들어서 보여줬다는 일화는 모두 아는 일화입니다.

이뿐만이 아닙니다. 인류를 우주로, 달로 보내기 위한 머큐리 우주선과 아폴로 우주선도 발사 직전까지 허점투성이였습니다. 이 수많은 허점과 오류들을 우주선 발사 직전까지 끊임없이 보완하고 수정한 후에야 비로소 발사 버튼을 누를 수 있었습니다. 완벽한 조건을 갖출 때까지 기다렸다면 우리가 지금 누리고 있는 혁신적인 기술과 제품은 세상에 나올 수 없었을 것입니다.

우리도 마찬가지입니다. 삶에서 장애물과 두려움이 있을 때 그것을 완벽히 제거한 뒤 행동하려 한다면 영원히 그 자리에 머물 수밖에 없습니다. 완벽한 순간이란 존재하지 않습니다. 단지 우리 앞에 놓인 벽을 직접 부딪치며 넘어가야만 길이 열립니다.

인생을 살아가다 보면 누구나 한 번쯤 나의 못난 모습을 마주하곤 합니다. 이 모습을 보고 괴로움을 느끼게 되지요. 사실 이 괴로움의 근원은 내가 원하는 이상향과 현실 사이의 차이에서 비롯됩니다. 우리가 그리는 이상적인 삶, 꿈꾸는 미래와 지금 내가 처한 현실, 그 격차가 클수록 괴로움은 더 큽니다. 그렇다면 이 괴로움을 어떡해야 해결할 수 있을까요? 그 해답은 바로 '나의 진짜 모습'을 마주하는 것에서 시작됩니다. 못난 현재 내 수준을 인정하고, 내가 원하는 수준과의 차이를 명확히 인식하면 변화의 첫걸음이 시작되지요.

물론 이 과정은 절대 쉽지 않습니다. 나의 현재 상태, 나의 부족함, 나의 한계를 마주하는 것은 불편하고 괴로운 과정이기 때문입니다. 따라서 대부분은 '불편한 진실'을 마주하는 것을 피하고, 외면하려고 합니다. 하지만 이 불편한 진실을 직면하는 순간이야말로 진정한 변화가 시작되는 순간이지요. 내가 마주한 한계를 인정하지 않으면, 그 한계를 넘어설 방법은 절대 보이지 않습니다.

'내가 부족하다' '이 부분이 부족한 상태다'라는 진실을 온전히 받아들일 때, 그때부터 우리는 실제로 그 벽을 넘을 힘을 가지게 됩니다. 하지만 그 한계를 넘는 과정도 남들과 같아서는 안 됩니다. 남들과 똑같이 하면 결국 똑같은 결과가 반복될 수밖에 없기 때문이지요.

따라서 인생에서 내가 원하는 결과를 얻고 싶다면, 남들과는 다른 방식으로 그 벽을 넘기 위한 전략을 세워야 합니다. 그 누구도 나의 삶을 대신 살아줄 수는 없잖아요. 그래서 우리는 '나만의 방식'을 찾아야 합니다. 내 방식대로, 내 속도에 맞춰, 나만의 도전 방법을 설정하고 그것을 실행해야만 한계를 이겨낼 수 있습니다. 남들이 만들어 놓은 틀에 맞춰가면서 벽을 넘으려 해서는 안 됩니다. 반드시 나만의 길을 나만의 방식으로 가야 합니다.

결국 우리가 마주한 벽을 넘기 위해선 직접 부딪히는 과정이 필요합니다. 벽을 피해 가려고만 하면 절대 그 벽을 넘어설 수 없어요. '부딪혀도 괜찮아'라는 마음가짐을 가지고, 나의 한계에 계속해서 도전해야만 성장할 수 있습니다. 그 과정에서 많은 실패도 있을 수 있지만, 그 실패는 결국 우리의 성장을 위한 중요한 경험이 됩니다.

우리는 이 도전 과정에서 점점 더 성장하고, 강해질 것입니다. 지금 내가 원하는 목표가 멀고 힘들게 느껴질지라도 그 길을 걷기 위한 첫걸음은 '나의 진짜 모습'을 마주하고, 나만의 방식으로 나아가는 것입니다. 남들과 같지 않아도 괜찮아요. 나만의 길을 가는 게 중요한 거니까요. 이제, 그 벽을 넘는 여정을 시작해봅시다. 지금 당장은 끝이 보이지 않을지라도 이렇게 도전해야만 우리 삶의 가능성이 열릴 테니까요.

## 06. 당신만의 속도로 인생을 재설계하라

　우리는 종종 다른 사람과 자신을 비교하며 평가하곤 합니다. SNS를 켜면 나보다 잘나가는 사람들의 성공담, 화려한 여행지, 고급스러운 식당과 음식, 고가의 물품들, 멋진 커리어 라이프 등이 쉴 새 없이 쏟아집니다. 이걸 보고 있노라면 그러지 못하는 내 모습과 너무 비교되어 열등감이 느껴집니다. 그래서 나도 뭔가 근사한 모습을 보여주고 싶어 무리해서 좋은 곳에 가서 멋진 사진을 찍고, 분위기 좋은 식당이나 카페를 찾으며, 멋진 삶을 사는 모습을 찍어서 올립니다.

　세상에는 능력자들이 정말 많습니다. 그래서 나보다 더 뛰어난 사람들도 세상에 널렸습니다. 하지만 나보다 더 나은 사람들과 나를 비교하기 시작하면 끝이 없습니다. 한없이 쪼그라들 뿐이죠. 한편, 나보다 못한 사람과 비교해보면 '그래도 난 저 사람보다는 낫지'라며 안도하기도 합니다. 하지만 이런 비교는 우리를 더 나아지게 만드는 것이 아니라, 오히려 성장을 가로막는 함정이 됩니다. 왜냐하면 비교의 대상이 나보다 못한 사람이면 내 능력이 그대로임에도 불구하고 마치 성장한 것처럼 착각할 수 있기 때문입니다. 반대로 나보다 더 나은 사람을 마주했을 때는 한없이 쪼그라들며 불필요한 열등감만 커지죠. 결국 이렇게 남과 비교하는 것은 어떠한 도움도 되지 않습니다. 그렇다면 우리는 어떻게 해야 할까요? 그건 바로 '어제의 나'와 비교하는 것입니다.

마라톤은 자기 자신과의 싸움입니다. 물론 그 경기에서 뛴 선수 중에서 메달 색깔이 달리지기도 하지만, 그 선수의 최고 기록 또한 남게 되죠. 따라서 매일 기록을 단축하기 위해 노력하며 어제보다 단 1초라도 더 빨리 달리기 위해 훈련합니다. 자신의 한계를 극복하는 것에 집중하니까요. 하지만 만약 다른 선수와의 순위에만 집착한다면 어떻게 될까요? 함께 출전한 선수들의 컨디션이 안 좋으면 비록 내가 평소보다 기록이 나쁘더라도 1등을 할 수 있습니다. 하지만 이렇게 한 1등은 진짜 내 실력이 향상되어서 하게 된 1등이 아니죠.

결국 다른 사람과의 비교는 내 성장과 무관한 착각을 만들어낼 뿐입니다. 우리는 모두 다른 출발선에 서 있고, 비교는 불필요한 스트레스만 줄 뿐입니다. 반면, 스스로 성장하는 사람들은 '어제보다 한 걸음만 더 나아가자' '어제의 나하고만 경쟁하자'라고 생각합니다.

우리가 성공했는지를 판단하는 기준은 무엇일까요? 부? 명예? 높은 성적? 네, 물론 이런 것들도 중요할 수 있습니다. 하지만 가장 중요한 것은 '끊임없이 성장하는 삶'을 사는 것입니다. 자신만의 성장을 추구하는 삶이야말로 지속 가능하고, 결국 큰 성공을 거둡니다. 남과 비교하지 말고, '어제보다 한 걸음 더 성장한 내가 되는 것'이 진정한 성공의 길입니다.

믿기지 않으시겠지만, 저는 박사 학위를 받는 데 무려 11년이나 걸렸습니다. 물론 이 기간의 대부분은 방황하느라 그냥 손 놓고 있었던 시간입니다. 솔직히 말씀드리자면, 저는 처음에 학문에 대한 탐구를 위해 시작한 것이 아니라 남들 보기에 좋아 보일 것 같아서 시작했거든요. 이러니 당연히 목표를 이루는 과정에서 반드시 만나게 되는 난관에 부딪혔을 때 넘어설 동기부여가 될 리가 없었죠. 오랜 방황 끝에 다행히 저만의 진짜 목표를 찾을 수 있었고, 다시 일어서서 힘차게 앞으로 나아갈 수 있었습니다.

저는 제가 원하는 연구 분야를 계속하여 연구하기엔 역량도 한없이 부족하고, 더 많은 수련이 필요하다는 것을 누구보다도 잘 압니다. 말 그대로 그냥 또 다른 형태의 운전면허를 땄을 뿐입니다. 11년이나 걸렸던 저의 학위 취득 과정과 제 연구 실력을 저명한 학자분들께서 보신다면 정말이지 한없이 부족해 보일 겁니다. 거북이 중에서도 상 거북이죠. 이는 마치 4시간대에 완주하는 마라톤 풀코스를 24시간 만에 완주한 셈이니까요.

비록 저는 중간에 잠시 주저앉았던 시기가 있었지만, 다시 일어나 포기하지 않고 저만의 발걸음으로 꾸준히 앞으로 나아갔습니다. 그 덕분에 꽤 긴 시간이 걸렸음에도 불구하고 결국 제 목표를 달성했습니다. 저는 어디 가서도 제 학위에 대해 떳떳하게 말할 수 있도록 모든 것을 정공법을 선택해 하나씩 넘어섰습니다.

저는 이게 저 스스로에게 정말 자랑스럽습니다. 저보다 훨씬 나은 사람과 비교하면 한도 끝도 없이 초라해 보일 수 있지만, 중요한 건 그게 아니라 제가 다시 일어나 어제보다 한 걸음씩 꾸준히 내디뎠다는 것입니다. 이처럼 우리 모두 다 다르게 생겼듯이 각자 살아가는 방식과 살아가는 영역 또한 다릅니다. 그렇기에 우리는 그저 각자의 위치에서 내가 할 수 있는 것에 최선을 다하고, 이렇게 어제보다 한 걸음 더 성장한다면 그 자체로 의미가 있다고 생각합니다.

사람들은 대부분 무언가를 시작하면 신기할 정도로 중간에 스스로 그만두고 사라집니다. 분야를 불문하고 어딜 가나 똑같습니다. 이런 모습을 보며 저는 '왜 그렇게 스스로 사라질까?'에 대해 생각해봤습니다. 이에 대한 저의 결론은 자신이 진짜 좋아서 하는 것이 아니라 그냥 한 번 해보는, 다시 말해 남들 보기에 좋아 보이는 목표를 한 번 찍어보는 데 의의가 있었기 때문이라고 생각합니다. 제가 학위를 자신을 위해 세운 목표가 아니라 남들 기준에 맞춰 시작했다가 중간에 오랜 방황의 시간을 가졌던 것과 마찬가지죠.

남들 보기에 괜찮아 보이는 어떤 목표를 한 번 달성하고 끝내는 것이 목표가 되어서는 안 됩니다. 사람들은 자신의 멋진 몸매를 기록으로 남기기 위해 열심히 운동한 후 보디 프로필 사진을 찍곤 합니다. 또는 다이어트를 위한 목표 몸무게를 정해놓고 고된 식단 관리와 치열한 운동을 합니다. 그러나 원하는 몸매가 만들어지고, 목표한 몸무게를 달성하고 나면 그간의 노력을 보상하며 원래대로 돌아가죠. 이건 결국 내가 진짜 좋아서 한 것이 아니라 남들 보기에 좋아 보이는, 남들이 다 하니까 나도 한번 해봐야겠다고 정한 목표를 한 번 찍어보는 그 자체가 목표였던 것입니다.

하지만 근육 맨으로 알려진 김종국 씨 같은 경우는 어떤가요? 김종국 씨는 보디 프로필을 찍지도 않고, 목표한 몸무게를 달성했다고 그간의 고생을 보상하기 위한 맛있는 식사를 푸짐하게 하지 않습니다. 대신 오늘도, 내일도, 다음 달도, 내년도 원래 해 오던 대로 운동과 식단 관리를 꾸준히 그리고 묵묵히 이어갈 뿐이죠.

저는 더 이상 남들이 보기에 좋아 보이는 무언가를 한 번 달성해 보기 위해 목표를 찍고 달려 나가지 않습니다. 대신 제가 해야 할 것들을 저만의 발걸음으로 그저 묵묵히, 그리고 꾸준히 해나갑니다. 세상엔 정말 잘난 사람들이 너무나도 많습니다. 따라서 저도 저보다 앞서가는 사람들처럼 모든 것을 다 잘할 수는 없습니다. 예전에는 저보다 앞서가는 사람들을 보면 조바심도 나고, 부러운 마음이 들었던 것도 사실입니다. 하지만 지금은 그렇지 않습니다.

우리는 각자의 발걸음과 방향이 있습니다. 남들이 동쪽으로 뛴다고 나도 동쪽으로 뛰고, 남들이 10킬로미터로 뛴다고 나도 같은 속도로 뛸 필요는 없습니다. 남들이 뛴다고 나까지 덩달아 뛰다 보면 얼마 가지 못해 '나 지금 왜 뛰고 있지?'라는 생각이 들며 스스로 멈추게 될 테니까요. 남들과 비교하지 마세요. 다른 사람과의 비교는 진짜 내 실력을 속일 뿐입니다. 비교는 '어제의 나'하고만 하세요. 그리고 내가 진짜로 원하는 것을 찾아 거기를 향해 '꾸준히' 나아가세요. 오늘보다 나은 내일을 만드는 것, 이게 진짜 성공을 향해 가는 가장 확실한 치트 키입니다.

## 07. 지금, 우리는 가장 빛나는 순간 위에 서 있다

추운 겨울날 시린 손으로 뜨거운 어묵 국물이 담긴 종이컵을 쥐면 온기가 돌기 시작해 참 행복해집니다. 하지만 이것도 너무 오래 잡고 있으면 금세 뜨거움을 느끼게 되지요. 이럴 땐 어떻게 해야 할까요? 네, 컵을 내려놓으면 됩니다. 그런데 놀랍게도 사람들은 이렇게 알려줘도 "어떻게 컵을 내려놓나요?"라고 말합니다. 그냥 내려놓으면 되는데, 뜨겁다고 하면서도 계속 쥐고 있어요. 이런 모습이 너무 어리석게 보이시겠지만, '뜨거운 종이컵'이라는 단어를 지금 우리가 겪고 있는 '어려움'으로 바꾸면 결국 우리 모두의 모습과 크게 다르지 않습니다.

살아가며 겪게 되는 다양한 상황들은 내가 통제할 수 없는 경우가 대부분입니다. 예를 들어, 회사에서 아무리 열심히 일해서 성과를 낸다고 한들 승진을 내 맘대로 할 수는 없습니다. 내 승진 여부를 결정하는 건 내 상사이고, 상사의 의중은 내가 통제할 수 없죠. 하지만 승진이 안 되었다고 해서 힘든 감정을 느낄지 말지는 내가 선택할 수 있습니다. 어묵 국물이 뜨거운 건 내가 어떻게 할 수 없지만, 이걸 내려놓을지 말지는 내가 결정할 수 있듯 말이죠. 사실 우리는 이 방법을 모두 다 알고 있습니다. 그런데도 쉽사리 내려놓지 못합니다. 만약 모두가 알고 있는 이 방법을 실행하지 못하겠다면 우리는 그 대가를 치러야만 합니다. 손에 쥔 뜨거운 컵을 내려놓지 못한다면 그 뜨거움을 감내해야 하듯 말이죠.

한 해 동안 열심히 일했건만 인사고과에서 S는커녕 A도 못 받게 되었더라도, 이번엔 승진이 될 줄 알았는데 승진 명단에서 누락되었더라도, 최선을 다해 준비한 무언가에서 좋은 결과가 나오지 않더라도 '뭐래, 너희들이 날 그렇게 평가해도 나는 그 정도가 아니야!'라고 스스로를 칭찬하며 일어설지, 기대한 결과를 받지 못해 괴로워할지는 온전히 생각에 달려 있다는 겁니다. 지난 과거는 돌이킬 수 없습니다. 물론 오지 않은 미래도 내가 어떻게 할 수 없죠. 하지만 우리가 바꿀 수 있는 것이 하나 있습니다. 그건 바로 지금, 바로 이 순간 내가 어떤 선택을 할지입니다. 지금 내가 어떤 상황에 있더라도 어떤 마음으로 받아들이고 어떤 행동을 하느냐에 따라 미래는 달라질 수 있습니다.

아침에 "다녀오겠습니다!"라고 말하며 집을 나서지만, 다녀온다는 보장은 없습니다. 매일 하루가 반복되기에 내일도 당연히 올 것 같지만, 전혀 당연한 일이 아니죠. 갑자기 어떤 일이 생기면 늘 이어오던 일상이 더 이상 당연한 일상이 아니게 되니까요. 그러니 지난 과거에 힘들어할 필요도 없고, 오지 않은 미래를 걱정할 필요도 없고, 그저 지금, 이 순간에 충실하며 오늘 하루를 살아가면 됩니다.

우리가 살아가며 맞닥뜨리는 많은 문제는 어쩔 수 없이 생긴 거로 생각하기 쉽습니다. 하지만 조금 더 깊이 생각해보면, 지금의 나를 만든 것은 내 사고방식과 내가 내린 수많은 선택의 결과일 뿐입니다. 지금의 일자리에 머물기로 한 것도, 현재 나의 경제적 수준도, 내 몸매와 건강 상태도, 모두 다 내 선택의 결과물들입니다. 야식을 배달시켜 먹기로 선택한 것도, 아침이나 저녁에 운동하러 나가지 않은 것도, 술, 담배를 계속하는 것도 모두 내 선택이었으니까요.

이뿐만이 아닙니다. 계속 실망하게 하는 사람을 믿은 것도, 내게 계속 비수를 꽂는 사람과 이해할 수 없는 언행을 일삼는 사람을 손절하지 않은 것도, 나를 감정 쓰레기통 취급하는 직장 상사나 동료들을 내치지 못한 것도 내 선택이었습니다. 그 누구도 그렇게 하라고 강요한 적 없어요. 설령 강요했다고 하더라도 내가 그들과 선을 긋지 못했고, 그들을 내치지 못했고, 그들이 있는 곳에서 뛰쳐나오지 못하고 머무르기로 한 것은 나의 선택이었기 때문에 그 누구를 탓할 수도 없습니다.

이렇게 말씀드리면 맞는 말이긴 하지만 불편한 감정이 들 수 있습니다. 하지만 그렇다고 해서 자책하거나 좌절할 필요는 없습니다. 왜냐하면 과거의 선택은 돌이킬 수 없지만, 앞으로의 선택은 언제든 바꿀 수 있으니까요. 지금부터라도 변화를 선택한다면 나를 둘러싼 모든 것들이 더 나아질 수 있습니다.

경제적 상황 등이 모두 내 선택의 결과라면, 반대로 말하면 그것을 변화시킬 힘도 나에게 있다는 뜻입니다. 어떤 문제에 직면했을 때 가장 중요한 것은 현재의 내 모습과 상황을 인정하는 것입니다. "내가 만든 문제다"라는 인식은 우리에게 자괴감을 줄 수 있지만, 반대로 "내가 해결할 수도 있다"라는 강력한 메시지를 포함하고 있습니다. 과거는 이미 지나갔지만 미래는 내가 만들어갈 수 있습니다. 지금 나의 선택으로 말이죠. 그러니 지금의 어려움이 결국 더 나은 나를 만드는 밑거름이 될 수 있다고 생각해보세요.

변화는 작고 쉬운 선택부터 시작됩니다. 오늘 하루, 조금 더 나은 선택을 해보는 거죠. '그래도 현실이 그렇게 쉽게 바뀌겠어?'라는 생각이 드나요? 네, 맞습니다. 하루아침에 모든 게 바뀌진 않을 겁니다. 하지만 변화는 반드시 일어납니다. 복리의 법칙처럼 작은 변화들이 쌓이면 어느 순간 큰 차이를 만들어냅니다. 매일 30분 일찍 일어나 공부하기로 한 선택이 1년 후엔 새로운 커리어가 되고, 이불 속에 있고 싶었지만 운동장으로, 스포츠 센터로 간 선택이 6개월 후엔 더 멋진 몸매를 만들어냅니다. 내가 원하는 모습이 된 나를 상상하며 하루하루 실천해 나간 작은 변화들이 1년 후에는 엄청난 변화를 불러올 겁니다. 나의 미래는 오늘 내가 내린 선택으로 결정됩니다.

저는 업무상 전국 방방곡곡으로 출장을 다닐 일이 있습니다. 사회 초년생일 때는 새로운 곳에 가는 게 마냥 신나고 즐거웠습니다. 그런데 어느 순간부터 출장은 출장일 뿐, 그다지 새롭다는 생각이 들지 않았습니다. 장소가 바뀔 뿐 제겐 출장이라는 사실은 변함이 없었으니까요. 예전에 맡았던 업무로 인해 군산과 서천에 갈 일이 자주 있었습니다. 제 첫 책에 일잘러 '박 대리'로 등장하는 실존 인물 '후배 J'와 함께 한 달에 한두 번은 꼬박꼬박 갔었죠. 주로 익산역까지 KTX로 이동한 후 차를 빌려 이동했는데, 차 안에서 후배 J와 많은 이야기를 나누곤 했습니다.

한 번은 이런 얘기를 나눈 적이 있어요. "예전엔 어딘가를 가면 거길 언제든 다시 올 수 있을 거로 생각했는데, 시간이 갈수록 또 언제 다시 올 수 있을지 모르겠다는 생각이 들더라고요. 지금이야 일상이지만, 이 순간이 항상 온다는 보장이 없어요. 언젠가 우리 서로 다른 업무를 맡게 되거나 다른 부서로 옮기게 되면 설령 다음에 다시 오더라도 지금 이 멤버는 아닐 테니까요." 실제로 얼마 가지 않아 저도, 후배 J도 각각 다른 부서로 이동하게 되었습니다. 후배 J와 차에서 나눴던 이야기처럼 이제 그 장소, 그 순간은 다시 돌아오지 않지요. 이렇게 생각하면 다시는 돌아오지 않을 지금, 이 순간이 얼마나 소중한지 모릅니다.

저는 국제기구의 초청을 받아 케냐에 가기 직전, 꽤 바쁜 시간을 보냈습니다. 케냐 출장을 앞둔 어느 날이었습니다. 보건소에서 풍토병 예방약을 처방받고, 인근 병원에서는 출장에 챙겨갈 상비약을 처방받았습니다. 그리고 바로 인하대 강의를 해야 하는 정말 빠듯한 일정이었죠. 처방전을 받아 들고 잠시 화장실에 들렀을 때 벽에 붙어 있는 격언 하나가 눈에 들어왔습니다. 숨 가쁘게 하루하루를 보내던 제게 하는 말 같아 한참을 서서 바라보게 되었어요.

## "이기는 사람과 지는 사람"

이기는 사람은 실수했을 때 "내가 잘못했다"라고 말하고
지는 사람은 실수했을 때 "너 때문에 이렇게 되었다"라고 말합니다.

이기는 사람은 아랫사람뿐만 아니라 어린아이에게도 사과합니다.
지는 사람은 지혜 있는 사람에게도 고개 숙이지 않습니다.

이기는 사람은 열심히 일하지만, 시간의 여유가 있습니다.
지는 사람은 게으르지만, 늘 "바쁘다, 바쁘다"라며 허둥댑니다.

이기는 사람은 열심히 일하고, 열심히 놀고, 열심히 쉽니다.
지는 사람은 허겁지겁 일하고, 빈둥빈둥 놀고, 흐지부지 쉽니다.

이기는 사람은 져도 두려워하지 않습니다.
지는 사람은 이기는 것도 은근히 염려합니다.

이기는 사람은 과정을 위해 살고,
지는 사람은 결과를 위해 삽니다.

여러분들은 어떤 사람으로 살아가고 싶은가요? 저는 이기는 사람으로 살아갈 겁니다. 이 글에 나와 있는 것처럼 말이죠. 각자의 인생에서 가장 빛나는 순간 위에 서 있는 지금, 여러분들의 꾸준한 성장을 기원합니다.

# 에필로그

## 나만의 WHY를 찾으면 결국 해낼 수 있다

대학생 시절. 저와 치열했던 삶을 함께했던 친구가 있었습니다. 별명은 '이 교수'였습니다. 그 시절부터 얼굴도 살짝 교수님처럼 생긴 데다 공부도 굉장히 잘했어요. 세월이 흘러 이 친구는 놀랍게도 평소 주변에서 부르던 대로 교수가 되었죠. 이 친구는 저와 함께 학부에서 화학공학을 전공했지만, 다사다난하고 치열한 과정을 거쳐 현재는 미국의 한 유명 약학대학에서 연구자의 삶을 살고 있고, 얼마 전 종신 교수 자격(Tenure)도 얻게 되었습니다.

오랜만에 한국에 들어온 이 친구를 만나던 날, 저는 수년간 준비해왔던 새로운 도전의 결과를 받아 들었습니다. 바로, 프랑스 파리에 있는 국제기구 OECD에 합격한 것입니다. 저와 함께 화학공학을 전공한 친구가 치열한 노력을 하고, 수많은 도전과 좌절을 이겨낸 후 결국 미국의 유명 약대에서 종신 교수가 된 것처럼, 저도 국제기구에 도전하며 치열한 노력과 수많은 실패와 좌절을 겪은 후 마침내 기회를 잡았습니다.

친구와 저는 각자의 위치에 오르기까지 얼마나 많은 도전과 실패를 경험했는지 서로 너무 잘 알고 있기에 저는 친구가 종신 교수 자격을 얻게 된 것에, 친구는 저의 국제기구 합격 소식에 서로를 진심으로 축하해 주었습니다. 친구와 이야기를 나누며 다시 한번 깨달은 것이 있습니다. 그건 바로, "기회는 준비된 자에게만 온다"라는 것입니다. 기회가 올지 안 올지 아무도 알 수 없습니다. 그래도 내가 해야 할 것을 묵묵히, 꾸준히 해나가면 결국 그 노력의 과정에서 실력은 꾸준히 쌓여가고, 어떤 형태로든 반드시 기회가 옵니다.

저는 국제기구에 도전했다는 이유로 직장 내 괴롭힘을 당하기도 했고, 조사 과정에서 직장 내 괴롭힘 가해자로도 몰려 징계받고 수년간 루저로 낙인찍히는 수모를 겪기도 했습니다. 남 잘되는 꼴 못 보는 전형적인 크랩 마인드에 말려든 거였죠. 쉽지 않은 시간이었습니다. 하지만 저는 꾸준히 노력하며 제 실력을 쌓았고, 갖은 역경을 이겨내고 더욱 단단해졌으며, 당당히 제 실력으로 국제기구 합격이라는 쾌거를 이뤄냈습니다.

이제 또 한 번의 난관을 넘어섰을 뿐입니다. 한 번도 가보지 못한 길이라 새로운 도전일 것입니다. 때로는 넘어지고 부딪히기도 하겠지만, 이 모든 과정이 제가 성장해가는 과정이라 생각하고 언제나 그랬듯 매 순간 최선을 다하며 꾸준히 앞으로 나아가 보겠습니다.

  이런 저의 발걸음에 늘 응원해 주고 있는 사랑스러운 아내이자 그림책 작가 정주희, 자신의 미래를 스스로 개척해가고 있는 딸 예진이와 아들 선진이가 있기에 지금의 제가 있습니다. 또한 쿠크다스 같았던 제 마인드를 맞동산 정도로 단단하게 해주신 방탄렌즈 지혜 님과 제게 많은 기회와 응원을 보내주시는 UNIST 최성득 교수님, 인하대학교 한창석 교수님, 김창균 교수님, 그리고 허지영 작가님께 감사의 말씀을 전합니다.

  무엇보다 감사한 건 이 책을 읽어주신 독자 여러분입니다. 이제 각자의 영역에서 자신만의 발걸음을 내디딜 차례입니다. 나만의 WHY를 가슴 속에 품고 꾸준히 나아가며 각자의 정상에 올라설 여러분들을 응원합니다.

2025년 여름,  
프랑스로 떠나기 전 영종도에서  
김호중(초롱꿈)

**결국 해내는 사람은**

**무엇이 다른가**

## 결국 해내는 사람은 무엇이 다른가
내 안의 WHY를 깨워 삶의 모멘텀을 만드는 법

**발행일** | 2025년 7월 23일 초판 1쇄
**지은이** | 김호중
**펴낸이** | 장영훈
**펴낸곳** | (주)이츠북스
**편집** | 고은경, 김영경
**마케팅** | 남선희
**디자인** | 디자인글앤그림

**출판등록** | 2015년 4월 2일 제2021-000111호
**주소** | 서울특별시 강서구 화곡로 416, 1715~1720호
**대표전화** | 02-6951-4603
**팩스** | 02-3143-2743
**이메일** | 4un0-pub@naver.com

**홈페이지** | www.4un0-pub.co.kr
**SNS 주소** | 페이스북 www.facebook.com/saungonggam
　　　　　　인스타그램 www.instagram.com/saungonggam_pub
　　　　　　블로그 blog.naver.com/4un0-pub

**ISBN** | 979-11-94531-16-6 (03190)

※ 이 책은 저작권법에 따라 보호를 받는 저작물이므로 무단 전재와 무단 복제를 금합니다.
※ 이 책 내용의 전부 또는 일부를 사용하려면 반드시 저작권자와 사유와공감의 허락을 받아야 합니다.
※ 잘못되거나 파손된 책은 구입하신 서점에서 교환해드립니다.
※ 책값은 뒤표지에 있습니다.

**사유와공감**은 (주)이츠북스의 출판 브랜드입니다.

**사유와공감**은 독자 여러분의 책에 관한 아이디어와 원고 투고를 기쁜 마음으로 기다리고 있습니다. 책 출간 아이디어가 있으신 분은 이메일 4un0-pub@naver.com 또는 사유와공감 홈페이지 '작품 투고'란으로 간단한 개요와 취지, 연락처 등을 보내 주세요. 여러분을 언제나 응원합니다.